ARABISCH

WORTSCHATZ

FÜR DAS SELBSTSTUDIUM

DEUTSCH ARABISCH

Die nützlichsten Wörter
Zur Erweiterung Ihres Wortschatzes und
Verbesserung der Sprachfertigkeit

5000 Wörter

Wortschatz Deutsch-Ägyptisch-Arabisch für das Selbststudium - 5000 Wörter

Von Andrey Taranov

T&P Books Vokabelbücher sind dafür vorgesehen, beim Lernen einer Fremdsprache zu helfen, Wörter zu memorieren und zu wiederholen. Das Wörterbuch ist nach Themen aufgeteilt und deckt alle wichtigen Bereiche des täglichen Lebens, Berufs, Wissenschaft, Kultur etc. ab.

Durch das Benutzen der themenbezogenen T&P Books ergeben sich folgende Vorteile für den Lernprozess:

- Sachgemäß geordnete Informationen bestimmen den späteren Erfolg auf den darauffolgenden Stufen der Memorisierung
- Die Verfügbarkeit von Wörtern, die sich aus der gleichen Wurzel ableiten lassen, erlaubt die Memorisierung von Worteinheiten (mehr als bei einzeln stehenden Wörtern)
- Kleine Worteinheiten unterstützen den Aufbauprozess von assoziativen Verbindungen für die Festigung des Wortschatzes
- Die Kenntnis der Sprache kann aufgrund der Anzahl der gelernten Wörter eingeschätzt werden

T&P Books Publishing
www.tpbooks.com

ISBN: 978-1-78716-762-9

WORTSCHATZ DEUTSCH-ÄGYPTISCH-ARABISCH
für das Selbststudium

Die Vokabelbücher von T&P Books sind dafür vorgesehen, Ihnen beim Lernen einer Fremdsprache zu helfen, Wörter zu memorieren und zu wiederholen. Der Wortschatz enthält über 5000 häufig gebrauchte, thematisch geordnete Wörter.

- Der Wortschatz enthält die am häufigsten benutzten Wörter
- Eignet sich als Ergänzung zu jedem Sprachkurs
- Erfüllt die Bedürfnisse von Anfängern und fortgeschrittenen Lernenden von Fremdsprachen
- Praktisch für den täglichen Gebrauch, zur Wiederholung und um sich selbst zu testen
- Ermöglicht es, Ihren Wortschatz einzuschätzen

Besondere Merkmale des Wortschatzes:

- Wörter sind entsprechend ihrer Bedeutung und nicht alphabetisch organisiert
- Wörter werden in drei Spalten präsentiert, um das Wiederholen und den Selbstüberprüfungsprozess zu erleichtern
- Wortgruppen werden in kleinere Einheiten aufgespalten, um den Lernprozess zu fördern
- Der Wortschatz bietet eine praktische und einfache Lautschrift jedes Wortes der Fremdsprache

Der Wortschatz hat 155 Themen, einschließlich:

Grundbegriffe, Zahlen, Farben, Monate, Jahreszeiten, Maßeinheiten, Kleidung und Accessoires, Essen und Ernährung, Restaurant, Familienangehörige, Verwandte, Charaktereigenschaften, Empfindungen, Gefühle, Krankheiten, Großstadt, Kleinstadt, Sehenswürdigkeiten, Einkaufen, Geld, Haus, Zuhause, Büro, Import & Export, Marketing, Arbeitssuche, Sport, Ausbildung, Computer, Internet, Werkzeug, Natur, Länder, Nationalitäten und vieles mehr...

INHALT

Leitfaden für die Aussprache 9
Abkürzungen 11

GRUNDBEGRIFFE 12
Grundbegriffe. Teil 1 12

1. Pronomen 12
2. Grüße. Begrüßungen. Verabschiedungen 12
3. Jemanden ansprechen 13
4. Grundzahlen. Teil 1 13
5. Grundzahlen. Teil 2 14
6. Ordnungszahlen 15
7. Zahlen. Brüche 15
8. Zahlen. Grundrechenarten 15
9. Zahlen. Verschiedenes 15
10. Die wichtigsten Verben. Teil 1 16
11. Die wichtigsten Verben. Teil 2 17
12. Die wichtigsten Verben. Teil 3 18
13. Die wichtigsten Verben. Teil 4 19
14. Farben 19
15. Fragen 20
16. Präpositionen 21
17. Funktionswörter. Adverbien. Teil 1 21
18. Funktionswörter. Adverbien. Teil 2 23

Grundbegriffe. Teil 2 24

19. Wochentage 24
20. Stunden. Tag und Nacht 24
21. Monate. Jahreszeiten 25
22. Maßeinheiten 27
23. Behälter 27

DER MENSCH 29
Der Mensch. Körper 29

24. Kopf 29
25. Menschlicher Körper 30

Kleidung & Accessoires 31

26. Oberbekleidung. Mäntel 31
27. Men's & women's clothing 31

28. Kleidung. Unterwäsche 32
29. Kopfbekleidung 32
30. Schuhwerk 32
31. Persönliche Accessoires 33
32. Kleidung. Verschiedenes 33
33. Kosmetikartikel. Kosmetik 34
34. Armbanduhren Uhren 35

Essen. Ernährung 36

35. Essen 36
36. Getränke 37
37. Gemüse 38
38. Obst. Nüsse 39
39. Brot. Süßigkeiten 40
40. Gerichte 40
41. Gewürze 41
42. Mahlzeiten 42
43. Gedeck 42
44. Restaurant 43

Familie, Verwandte und Freunde 44

45. Persönliche Informationen. Formulare 44
46. Familienmitglieder. Verwandte 44

Medizin 46

47. Krankheiten 46
48. Symptome. Behandlungen. Teil 1 47
49. Symptome. Behandlungen. Teil 2 48
50. Symptome. Behandlungen. Teil 3 49
51. Ärzte 50
52. Medizin. Medikamente. Accessoires 50

LEBENSRAUM DES MENSCHEN 52
Stadt 52

53. Stadt. Leben in der Stadt 52
54. Innerstädtische Einrichtungen 53
55. Schilder 54
56. Innerstädtischer Transport 55
57. Sehenswürdigkeiten 56
58. Shopping 57
59. Geld 58
60. Post. Postdienst 59

Wohnung. Haus. Zuhause 60

61. Haus. Elektrizität 60

62. Villa. Schloss 60
63. Wohnung 60
64. Möbel. Innenausstattung 61
65. Bettwäsche 62
66. Küche 62
67. Bad 63
68. Haushaltsgeräte 64

AKTIVITÄTEN DES MENSCHEN 65
Beruf. Geschäft. Teil 1 65

69. Büro. Arbeiten im Büro 65
70. Geschäftsabläufe. Teil 1 66
71. Geschäftsabläufe. Teil 2 67
72. Fertigung. Arbeiten 68
73. Vertrag. Zustimmung 69
74. Import & Export 70
75. Finanzen 70
76. Marketing 71
77. Werbung 71
78. Bankgeschäft 72
79. Telefon. Telefongespräche 73
80. Mobiltelefon 73
81. Bürobedarf 74
82. Geschäftsarten 74

Arbeit. Geschäft. Teil 2 77

83. Show. Ausstellung 77
84. Wissenschaft. Forschung. Wissenschaftler 78

Berufe und Tätigkeiten 79

85. Arbeitsuche. Kündigung 79
86. Geschäftsleute 79
87. Dienstleistungsberufe 80
88. Militärdienst und Ränge 81
89. Beamte. Priester 82
90. Landwirtschaftliche Berufe 82
91. Künstler 83
92. Verschiedene Berufe 83
93. Beschäftigung. Sozialstatus 85

Ausbildung 86

94. Schule 86
95. Hochschule. Universität 87
96. Naturwissenschaften. Fächer 88
97. Schrift Rechtschreibung 88
98. Fremdsprachen 89

Erholung. Unterhaltung. Reisen 91

99. Ausflug. Reisen 91
100. Hotel 91

TECHNISCHES ZUBEHÖR. TRANSPORT 93
Technisches Zubehör 93

101. Computer 93
102. Internet. E-Mail 94
103. Elektrizität 95
104. Werkzeug 95

Transport 98

105. Flugzeug 98
106. Zug 99
107. Schiff 100
108. Flughafen 101

Lebensereignisse 103

109. Feiertage. Ereignis 103
110. Bestattungen. Begräbnis 104
111. Krieg. Soldaten 104
112. Krieg. Militärische Aktionen. Teil 1 106
113. Krieg. Militärische Aktionen. Teil 2 107
114. Waffen 108
115. Menschen der Antike 110
116. Mittelalter 111
117. Führungspersonen. Chef. Behörden 112
118. Gesetzesverstoß Verbrecher. Teil 1 113
119. Gesetzesbruch. Verbrecher. Teil 2 114
120. Polizei Recht. Teil 1 115
121. Polizei. Recht. Teil 2 116

NATUR 118
Die Erde. Teil 1 118

122. Weltall 118
123. Die Erde 119
124. Himmelsrichtungen 120
125. Meer. Ozean 120
126. Namen der Meere und Ozeane 121
127. Berge 122
128. Namen der Berge 123
129. Flüsse 123
130. Namen der Flüsse 124
131. Wald 124
132. natürliche Lebensgrundlagen 125

Die Erde. Teil 2 127

133. Wetter 127
134. Unwetter Naturkatastrophen 128

Fauna 129

135. Säugetiere. Raubtiere 129
136. Tiere in freier Wildbahn 129
137. Haustiere 130
138. Vögel 131
139. Fische. Meerestiere 133
140. Amphibien Reptilien 133
141. Insekten 134

Flora 135

142. Bäume 135
143. Büsche 135
144. Obst. Beeren 136
145. Blumen. Pflanzen 137
146. Getreide, Körner 138

LÄNDER. NATIONALITÄTEN 139

147. Westeuropa 139
148. Mittel- und Osteuropa 139
149. Frühere UdSSR Republiken 140
150. Asien 140
151. Nordamerika 141
152. Mittel- und Südamerika 141
153. Afrika 142
154. Australien. Ozeanien 142
155. Städte 142

LEITFADEN FÜR DIE AUSSPRACHE

T&P phonetisches Alphabet	Ägyptisch-Arabisch Beispiel	Deutsch Beispiel
[a]	[ṭaffa] طفّى	schwarz
[ā]	[eχtār] إختار	Zahlwort
[e]	[setta] ستّة	Pferde
[i]	[mināʾ] ميناء	ihr, finden
[ī]	[ebrīl] إبريل	Wieviel
[o]	[oɣosṭos] أغسطس	orange
[ō]	[ḥalazōn] حلزون	groß
[u]	[kalkutta] كلكتا	kurz
[ū]	[gamūs] جاموس	über
[b]	[bedāya] بداية	Brille
[d]	[saʿāda] سعادة	Detektiv
[ḍ]	[waḍʿ] وضع	pharyngalisiert [d]
[ʒ]	[arʒantīn] الأرجنتين	Regisseur
[ẓ]	[ẓahar] ظهر	pharyngalisiert [z]
[f]	[χafīf] خفيف	fünf
[g]	[bahga] بهجة	gelb
[h]	[ettegāh] إتّجاه	brauchbar
[ḥ]	[ḥabb] حبّ	pharyngalisiert [h]
[y]	[dahaby] ذهبي	Jacke
[k]	[korsy] كرسي	Kalender
[l]	[lammaḥ] لمّح	Juli
[m]	[marṣad] مرصد	Mitte
[n]	[ganūb] جنوب	Vorhang
[p]	[kaputʃīno] كابتشينو	Polizei
[q]	[wasaq] وثق	Kobra
[r]	[roḥe] روح	richtig
[s]	[soχreya] سخرية	sein
[ṣ]	[meʿṣam] معصم	pharyngalisiert [s]
[ʃ]	[ʿaʃāʾ] عشاء	Chance
[t]	[tanūb] تنوب	still
[ṭ]	[χarīṭa] خريطة	pharyngalisiert [t]
[θ]	[mamūθ] ماموث	stimmloser th-Laut
[v]	[vietnām] فيتنام	November
[w]	[waddaʿ] ودّع	schwanger
[χ]	[baχīl] بخيل	billig
[ɣ]	[etɣadda] إتغدّى	Vogel (Berlinerisch)
[z]	[meʿza] معزة	sein

T&P phonetisches Alphabet	Ägyptisch-Arabisch Beispiel	Deutsch Beispiel
['] (ayn)	**[sab'a]** سبعة	stimmhafte pharyngale Frikativ
['] (hamza)	**[sa'al]** سأل	Glottisschlag

ABKÜRZUNGEN
die im Vokabular verwendet werden

Ägyptisch-Arabisch. Abkürzungen

du	-	Plural-Nomen-(doppelt)
f	-	Femininum
m	-	Maskulinum
pl	-	Plural

Deutsch. Abkürzungen

Adj	-	Adjektiv
Adv	-	Adverb
Amtsspr.	-	Amtssprache
f	-	Femininum
f, n	-	Femininum, Neutrum
Fem.	-	Femininum
m	-	Maskulinum
m, f	-	Maskulinum, Femininum
m, n	-	Maskulinum, Neutrum
Mask.	-	Maskulinum
n	-	Neutrum
pl	-	Plural
Sg.	-	Singular
ugs.	-	umgangssprachlich
unzähl.	-	unzählbar
usw.	-	und so weiter
v mod	-	Modalverb
vi	-	intransitives Verb
vi, vt	-	intransitives, transitives Verb
vt	-	transitives Verb
zähl.	-	zählbar
z.B.	-	zum Beispiel

GRUNDBEGRIFFE

Grundbegriffe. Teil 1

1. Pronomen

ich	ana	أنا
du (Mask.)	enta	أنت
du (Fem.)	enty	أنت
er	howwa	هو
sie	hiya	هي
wir	eḥna	إحنا
ihr	antom	أنتم
sie	hamm	هم

2. Grüße. Begrüßungen. Verabschiedungen

Hallo! (Amtsspr.)	assalamu ʿalaykum!	السلام عليكم!
Guten Morgen!	ṣabāḥ el χeyr!	صباح الخير!
Guten Tag!	neharak saʿīd!	نهارك سعيد!
Guten Abend!	masāʾ el χeyr!	مساء الخير!
grüßen (vi, vt)	sallem	سلّم
Hallo! (ugs.)	ahlan!	أهلاً!
Gruß (m)	salām (m)	سلام
begrüßen (vt)	sallem ʿala	سلّم على
Wie geht's?	ezzayek?	ازّيك؟
Was gibt es Neues?	aχbārak eyh?	أخبارك ايه؟
Auf Wiedersehen!	maʿ el salāma!	مع السلامة!
Bis bald!	aʃūfak orayeb!	أشوفك قريب!
Lebe wohl! Leben Sie wohl!	maʿ el salāma!	مع السلامة!
sich verabschieden	waddaʿ	ودّع
Tschüs!	bay bay!	باي باي!
Danke!	ʃokran!	شكراً!
Dankeschön!	ʃokran geddan!	شكراً جداً!
Bitte (Antwort)	el ʿafw	العفو
Keine Ursache.	la ʃokr ʿala wāgeb	لا شكر على واجب
Nichts zu danken.	el ʿafw	العفو
Entschuldige!	ʿan eznak!	عن إذنك!
Entschuldigung!	baʿd ezn ḥadretak!	بعد إذن حضرتك!
entschuldigen (vt)	ʿazar	عذر
sich entschuldigen	eʿtazar	أعتذر

Verzeihung!	ana 'āsef	أنا آسف
Es tut mir leid!	ana 'āsef!	أنا آسف!
verzeihen (vt)	'afa	عفا
bitte (Die Rechnung, ~!)	men faḍlak	من فضلك
Nicht vergessen!	ma tensāʃ!	ما تنساش!
Natürlich!	ṭab'an!	طبعاً!
Natürlich nicht!	la' ṭab'an!	لأ طبعاً!
Gut! Okay!	ettafa'na!	إتّفقنا!
Es ist genug!	kefāya!	كفاية!

3. Jemanden ansprechen

Herr	ya ostāz	يا أستاذ
Frau	ya madām	يا مدام
Frau (Fräulein)	ya 'ānesa	يا آنسة
Junger Mann	ya ostāz	يا أستاذ
Junge	yabny	يا ابني
Mädchen	ya benty	يا بنتي

4. Grundzahlen. Teil 1

null	ṣefr	صفر
eins	wāḥed	واحد
eine	waḥda	واحدة
zwei	etneyn	إتنين
drei	talāta	ثلاثة
vier	arba'a	أربعة
fünf	χamsa	خمسة
sechs	setta	ستّة
sieben	sab'a	سبعة
acht	tamanya	ثمانية
neun	tes'a	تسعة
zehn	'aʃara	عشرة
elf	ḥedāʃar	حداشر
zwölf	etnāʃar	إتناشر
dreizehn	talattāʃar	تلاتّاشر
vierzehn	arba'tāʃer	أربعتاشر
fünfzehn	χamastāʃer	خمستاشر
sechzehn	settāʃar	ستّاشر
siebzehn	saba'tāʃar	سبعتاشر
achtzehn	tamantāʃar	تمنتاشر
neunzehn	tes'atāʃar	تسعتاشر
zwanzig	'eʃrīn	عشرين
einundzwanzig	wāḥed we 'eʃrīn	واحد وعشرين
zweiundzwanzig	etneyn we 'eʃrīn	إتنين وعشرين
dreiundzwanzig	talāta we 'eʃrīn	ثلاثة وعشرين
dreißig	talatīn	ثلاثين

einunddreißig	wāḥed we talatīn	واحد وتلاتين
zweiunddreißig	etneyn we talatīn	إتنين وتلاتين
dreiunddreißig	talāta we talatīn	ثلاثة وثلاثين
vierzig	arbeʿīn	أربعين
einundvierzig	wāḥed we arbeʿīn	واحد وأربعين
zweiundvierzig	etneyn we arbeʿīn	إتنين وأربعين
dreiundvierzig	talāta we arbeʿīn	ثلاثة وأربعين
fünfzig	χamsīn	خمسين
einundfünfzig	wāḥed we χamsīn	واحد وخمسين
zweiundfünfzig	etneyn we χamsīn	إتنين وخمسين
dreiundfünfzig	talāta we χamsīn	ثلاثة وخمسين
sechzig	settīn	ستّين
einundsechzig	wāḥed we settīn	واحد وستّين
zweiundsechzig	etneyn we settīn	إتنين وستّين
dreiundsechzig	talāta we settīn	ثلاثة وستّين
siebzig	sabʿīn	سبعين
einundsiebzig	wāḥed we sabʿīn	واحد وسبعين
zweiundsiebzig	etneyn we sabʿīn	إتنين وسبعين
dreiundsiebzig	talāta we sabʿīn	ثلاثة وسبعين
achtzig	tamanīn	ثمانين
einundachtzig	wāḥed we tamanīn	واحد وتمانين
zweiundachtzig	etneyn we tamanīn	إتنين وتمانين
dreiundachtzig	talāta we tamanīn	ثلاثة وثمانين
neunzig	tesʿīn	تسعين
einundneunzig	wāḥed we tesʿīn	واحد وتسعين
zweiundneunzig	etneyn we tesʿīn	إتنين وتسعين
dreiundneunzig	talāta we tesʿīn	ثلاثة وتسعين

5. Grundzahlen. Teil 2

einhundert	miya	ميّة
zweihundert	meteyn	ميتين
dreihundert	toltomiya	تلتميّة
vierhundert	robʿomiya	ربعميّة
fünfhundert	χomsomiya	خمسميّة
sechshundert	sotomiya	ستميّة
siebenhundert	sobʿomiya	سبعميّة
achthundert	tomnomeʾa	ثمنمئة
neunhundert	tosʿomiya	تسعميّة
eintausend	alf	ألف
zweitausend	alfeyn	ألفين
dreitausend	talat ʾālāf	ثلاث آلاف
zehntausend	ʿaʃaret ʾālāf	عشرة آلاف
hunderttausend	mīt alf	ميت ألف
Million (f)	millyon (m)	مليون
Milliarde (f)	millyār (m)	مليار

6. Ordnungszahlen

der erste	awwel	أوّل
der zweite	tāny	ثاني
der dritte	tālet	ثالث
der vierte	rābe'	رابع
der fünfte	χāmes	خامس
der sechste	sādes	سادس
der siebte	sābe'	سابع
der achte	tāmen	ثامن
der neunte	tāse'	تاسع
der zehnte	'āʃer	عاشر

7. Zahlen. Brüche

Bruch (m)	kasr (m)	كسر
Hälfte (f)	noṣṣ	نصّ
Drittel (n)	telt	ثلث
Viertel (n)	rob'	ربع
Achtel (m, n)	tomn	تمن
Zehntel (n)	'oʃr	عشر
zwei Drittel	teleyn	تلتين
drei Viertel	talātet arbā'	ثلاثة أرباع

8. Zahlen. Grundrechenarten

Subtraktion (f)	ṭarḥ (m)	طرح
subtrahieren (vt)	ṭaraḥ	طرح
Division (f)	'esma (f)	قسمة
dividieren (vt)	'asam	قسم
Addition (f)	gam' (m)	جمع
addieren (vt)	gama'	جمع
hinzufügen (vt)	gama'	جمع
Multiplikation (f)	ḍarb (m)	ضرب
multiplizieren (vt)	ḍarab	ضرب

9. Zahlen. Verschiedenes

Ziffer (f)	raqam (m)	رقم
Zahl (f)	'adad (m)	عدد
Zahlwort (n)	'adady (m)	عددي
Minus (n)	nā'eṣ (m)	ناقص
Plus (n)	zā'ed (m)	زائد
Formel (f)	mo'adla (f)	معادلة
Berechnung (f)	ḥesāb (m)	حساب
zählen (vt)	'add	عدّ

berechnen (vt)	ḥasab	حسب
vergleichen (vt)	qāran	قارن
Wie viel, -e?	kām?	كام؟
Summe (f)	magmūʿ (m)	مجموع
Ergebnis (n)	natīga (f)	نتيجة
Rest (m)	bā'y (m)	باقي
einige (~ Tage)	kām	كام
wenig (Adv)	ʃewaya	شوية
Übrige (n)	el bā'y (m)	الباقي
anderthalb	wāḥed w noṣṣ (m)	واحد ونصّ
Dutzend (n)	desta (f)	دستة
entzwei (Adv)	le noṣṣeyn	لنصّين
zu gleichen Teilen	bel tasāwy	بالتساوى
Hälfte (f)	noṣṣ (m)	نصّ
Mal (n)	marra (f)	مرّة

10. Die wichtigsten Verben. Teil 1

abbiegen (nach links ~)	ḥād	حاد
abschicken (vt)	arsal	أرسل
ändern (vt)	ɣayar	غيّر
andeuten (vt)	edda lamḥa	إدّى لمحة
Angst haben	χāf	خاف
ankommen (vi)	weṣel	وصل
antworten (vi)	gāwab	جاوب
arbeiten (vi)	eʃtaɣal	إشتغل
auf ... zählen	eʿtamad ʿala ...	إعتمد على...
aufbewahren (vt)	ḥafaẓ	حفظ
aufschreiben (vt)	katab	كتب
ausgehen (vi)	χarag	خرج
aussprechen (vt)	naṭa'	نطق
bedauern (vt)	nedem	ندم
bedeuten (vt)	'aṣad	قصد
beenden (vt)	χallaṣ	خلّص
befehlen (Milit.)	amar	أمر
befreien (Stadt usw.)	ḥarrar	حرّر
beginnen (vt)	bada'	بدأ
bemerken (vt)	lāḥaẓ	لاحظ
beobachten (vt)	rāqab	راقب
berühren (vt)	lamas	لمس
besitzen (vt)	malak	ملك
besprechen (vt)	nā'eʃ	ناقش
bestehen auf	aṣarr	أصرّ
bestellen (im Restaurant)	ṭalab	طلب
bestrafen (vt)	ʿāqab	عاقب
beten (vi)	ṣalla	صلّى

bitten (vt)	ṭalab	طلب
brechen (vt)	kasar	كسر
denken (vi, vt)	fakkar	فكّر
drohen (vi)	hadded	هدّد
Durst haben	ʿāyez aʃrab	عايز أشرب
einladen (vt)	ʿazam	عزم
einstellen (vt)	baṭṭal	بطّل
einwenden (vt)	eʿtaraḍ	إعترض
empfehlen (vt)	naṣaḥ	نصح
erklären (vt)	ʃaraḥ	شرح
erlauben (vt)	samaḥ	سمح
ermorden (vt)	ʾatal	قتل
erwähnen (vt)	zakar	ذكر
existieren (vi)	kān mawgūd	كان موّجود

11. Die wichtigsten Verben. Teil 2

fallen (vi)	weʾeʿ	وقع
fallen lassen	waʾʾaʿ	وقّع
fangen (vt)	mesek	مسك
finden (vt)	laʾa	لقى
fliegen (vi)	ṭār	طار
folgen (Folge mir!)	tatabbaʿ	تتبّع
fortsetzen (vt)	wāṣel	واصل
fragen (vt)	saʾal	سأل
frühstücken (vi)	feṭer	فطر
geben (vt)	edda	إدّى
gefallen (vi)	ʿagab	عجب
gehen (zu Fuß gehen)	meʃy	مشي
gehören (vi)	χaṣṣ	خصّ
graben (vt)	ḥafar	حفر
haben (vt)	malak	ملك
helfen (vi)	sāʿed	ساعد
herabsteigen (vi)	nezel	نزل
hereinkommen (vi)	daχal	دخل
hoffen (vi)	tamanna	تمنّى
hören (vt)	semeʿ	سمع
hungrig sein	ʿāyez ʾākol	عايز آكل
informieren (vt)	ʾāl ly	قال لي
jagen (vi)	eṣṭād	اصطاد
kennen (vt)	ʿeref	عرف
klagen (vi)	ʃaka	شكا
können (v mod)	ʾeder	قدر
kontrollieren (vt)	et-ḥakkem	إتحكّم
kosten (vt)	kallef	كلّف
kränken (vt)	ahān	أهان
lächeln (vi)	ebtasam	إبتسم

lachen (vi)	ḍeḥek	ضحك
laufen (vi)	gery	جري
leiten (Betrieb usw.)	adār	أدار
lernen (vt)	daras	درس
lesen (vi, vt)	ʾara	قرأ
lieben (vt)	ḥabb	حبّ
machen (vt)	ʿamal	عمل
mieten (Haus usw.)	estʾgar	إستأجر
nehmen (vt)	aχad	أخذ
noch einmal sagen	karrar	كرّر
nötig sein	maṭlūb	مطلوب
öffnen (vt)	fataḥ	فتح

12. Die wichtigsten Verben. Teil 3

planen (vt)	χaṭṭeṭ	خطّط
prahlen (vi)	tabāha	تباهى
raten (vt)	naṣaḥ	نصح
rechnen (vt)	ʿadd	عدّ
reservieren (vt)	ḥagaz	حجز
retten (vt)	anqaz	أنقذ
richtig raten (vt)	χammen	خمّن
rufen (um Hilfe ~)	estaɣās	إستغاث
sagen (vt)	ʾāl	قال
schaffen (Etwas Neues zu ~)	ʿamal	عمل
schelten (vt)	wabbeχ	وبّخ
schießen (vi)	ḍarab bel nār	ضرب بالنار
schmücken (vt)	zayen	زيّن
schreiben (vi, vt)	katab	كتب
schreien (vi)	ṣarraχ	صرّخ
schweigen (vi)	seket	سكت
schwimmen (vi)	ʿām	عام
schwimmen gehen	sebeḥ	سبح
sehen (vi, vt)	ʃāf	شاف
sein (vi)	kān	كان
sich beeilen	estaʿgel	إستعجل
sich entschuldigen	eʿtazar	إعتذر
sich interessieren	ehtamm be	إهتمّ بـ
sich irren	ɣeleṭ	غلط
sich setzen	ʾaʿad	قعد
sich weigern	rafaḍ	رفض
spielen (vi, vt)	leʿeb	لعب
sprechen (vi)	kallem	كلّم
staunen (vi)	etfāgeʾ	إتفاجئ
stehlen (vt)	saraʾ	سرق
stoppen (vt)	waʾʾaf	وقّف
suchen (vt)	dawwar ʿala	دوّر على

13. Die wichtigsten Verben. Teil 4

täuschen (vt)	χadaʿ	خدع
teilnehmen (vi)	ʃārek	شارك
übersetzen (Buch usw.)	targem	ترجم
unterschätzen (vt)	estaχaff	إستخفّ
unterschreiben (vt)	waqqaʿ	وقّع
vereinigen (vt)	waḥḥed	وحّد
vergessen (vt)	nesy	نسي
vergleichen (vt)	qāran	قارن
verkaufen (vt)	bāʿ	باع
verlangen (vt)	ṭāleb	طالب
versäumen (vt)	ɣāb	غاب
versprechen (vt)	waʿad	وعد
verstecken (vt)	χabba	خبّأ
verstehen (vt)	fehem	فهم
versuchen (vt)	ḥāwel	حاول
verteidigen (vt)	dāfaʿ	دافع
vertrauen (vi)	wasaq	وثق
verwechseln (vt)	etlaχbaṭ	إتلخبط
verzeihen (vt)	ʿafa	عفا
voraussehen (vt)	tanabbaʾ	تنبّأ
vorschlagen (vt)	ʿaraḍ	عرض
vorziehen (vt)	faḍḍal	فضّل
wählen (vt)	eχtār	إختار
warnen (vt)	ḥazzar	حذّر
warten (vi)	estanna	إستنّى
weinen (vi)	baka	بكى
wissen (vt)	ʿeref	عرف
Witz machen	hazzar	هزّر
wollen (vt)	ʿāyez	عايز
zahlen (vt)	dafaʿ	دفع
zeigen (jemandem etwas)	warra	ورّى
zu Abend essen	etʿasʃa	إتعشّى
zu Mittag essen	etɣadda	إتغدّى
zubereiten (vt)	ḥaḍḍar	حضّر
zustimmen (vi)	ettafaʾ	إتّفق
zweifeln (vi)	ʃakk fe	شكّ في

14. Farben

Farbe (f)	lone (m)	لون
Schattierung (f)	daraget el lōn (m)	درجة اللون
Farbton (m)	ṣabɣet lōn (f)	صبغة اللون
Regenbogen (m)	qose qozaḥ (m)	قوس قزح
weiß	abyaḍ	أبيض
schwarz	aswad	أسود

grau	romādy	رمادي
grün	aχḍar	أخضر
gelb	aṣfar	أصفر
rot	aḥmar	أحمر
blau	azra'	أزرق
hellblau	azra' fāteḥ	أزرق فاتح
rosa	wardy	وردي
orange	bortoqāly	برتقاليّ
violett	banaffsegy	بنفّسجي
braun	bonny	بنّي
golden	dahaby	ذهبي
silbrig	feḍḍy	فضي
beige	bɛ:ʒ	بيج
cremefarben	'āgy	عاجيّ
türkis	fayrūzy	فيروزي
kirschrot	aḥmar karazy	أحمر كرزي
lila	laylaky	ليّلكي
himbeerrot	qormozy	قرمزي
hell	fāteḥ	فاتح
dunkel	ɣāme'	غامق
grell	zāhy	زاهي
Farb- (z.B. -stifte)	melawwen	ملوّن
Farb- (z.B. -film)	melawwen	ملوّن
schwarz-weiß	abyaḍ we aswad	أبيض وأسوّد
einfarbig	sāda	سادة
bunt	mota'added el alwān	متعددّ الألوان

15. Fragen

Wer?	mīn?	مين؟
Was?	eyh?	ايه؟
Wo?	feyn?	فين؟
Wohin?	feyn?	فين؟
Woher?	meneyn?	منين؟
Wann?	emta	امتى؟
Wozu?	'aʃān eyh?	عشان ايه؟
Warum?	leyh?	ليه؟
Wofür?	l eyh?	لـ ليه؟
Wie?	ezāy?	إزاي؟
Welcher?	eyh?	أيه؟
Wem?	le mīn?	لمين؟
Über wen?	'an mīn?	عن مين؟
Wovon? (~ sprichst du?)	'an eyh?	عن ايه؟
Mit wem?	ma' mīn?	مع مين؟
Wie viel? Wie viele?	kām?	كام؟
Wessen?	betā'et mīn?	بتاعت مين؟

16. Präpositionen

mit (Frau ~ Katzen)	maʿ	مع
ohne (~ Dich)	men ɣeyr	من غير
nach (~ London)	ela	إلى
über (~ Geschäfte sprechen)	ʿan	عن
vor (z.B. ~ acht Uhr)	ʾabl	قبل
vor (z.B. ~ dem Haus)	ʾoddām	قدّام
unter (~ dem Schirm)	taḥt	تحت
über (~ dem Meeresspiegel)	foʾe	فوق
auf (~ dem Tisch)	ʿala	على
aus (z.B. ~ München)	men	من
aus (z.B. ~ Porzellan)	men	من
in (~ zwei Tagen)	baʿd	بعد
über (~ zaun)	men ʿala	من على

17. Funktionswörter. Adverbien. Teil 1

Wo?	feyn?	فين؟
hier	hena	هنا
dort	henāk	هناك
irgendwo	fe makānen ma	في مكان ما
nirgends	meʃ fi ayī makān	مش في أيّ مكان
an (bei)	ganb	جنب
am Fenster	ganb el ʃebbāk	جنب الشبّاك
Wohin?	feyn?	فين؟
hierher	hena	هنا
dahin	henāk	هناك
von hier	men hena	من هنا
von da	men henāk	من هناك
nah (Adv)	ʾarīb	قريب
weit, fern (Adv)	beʿīd	بعيد
in der Nähe von …	ʿand	عند
in der Nähe	ʾarīb	قريب
unweit (~ unseres Hotels)	meʃ beʿīd	مش بعيد
link (Adj)	el ʃemāl	الشمال
links (Adv)	ʿalal ʃemāl	على الشمال
nach links	lel ʃemāl	للشمال
recht (Adj)	el yemīn	اليمين
rechts (Adv)	ʿalal yemīn	على اليمين
nach rechts	lel yemīn	لليمين
vorne (Adv)	ʾoddām	قدّام
Vorder-	amāmy	أمامي

vorwärts	ela el amām	إلى الأمام
hinten (Adv)	wara'	وراء
von hinten	men wara	من ورّا
rückwärts (Adv)	le wara	لورّا
Mitte (f)	wasaṭ (m)	وسط
in der Mitte	fel wasat	في الوسط
seitlich (Adv)	ʿala ganb	على جنب
überall (Adv)	fe kol makān	في كل مكان
ringsherum (Adv)	ḥawaleyn	حوالين
von innen (Adv)	men gowwah	من جوّه
irgendwohin (Adv)	le ʾayī makān	لأي مكان
geradeaus (Adv)	ʿala ṭūl	على طول
zurück (Adv)	rogūʿ	رجوع
irgendwoher (Adv)	men ayī makān	من أيّ مكان
von irgendwo (Adv)	men makānen mā	من مكان ما
erstens	awwalan	أوّلاً
zweitens	sāneyan	ثانياً
drittens	sālesan	ثالثاً
plötzlich (Adv)	fagʾa	فجأة
zuerst (Adv)	fel bedāya	في البداية
zum ersten Mal	le ʾawwel marra	لأوّل مرّة
lange vor...	ʾabl ... be modda ṭawīla	قبل... بمدة طويلة
von Anfang an	men gedīd	من جديد
für immer	lel abad	للأبد
nie (Adv)	abadan	أبداً
wieder (Adv)	tāny	تاني
jetzt (Adv)	delwaʾty	دلوقتي
oft (Adv)	ketīr	كثير
damals (Adv)	waʾtaha	وقتها
dringend (Adv)	ʿala ṭūl	على طول
gewöhnlich (Adv)	ʿādatan	عادةً
übrigens, ...	ʿala fekra ...	على فكرة...
möglicherweise (Adv)	momken	ممكن
wahrscheinlich (Adv)	momken	ممكن
vielleicht (Adv)	momken	ممكن
außerdem ...	bel eḍāfa ela ...	بالإضافة إلى...
deshalb ...	ʿaʃān keda	عشان كده
trotz ...	bel raɣm men ...	بالرغم من...
dank ...	be faḍl ...	بفضل...
was (~ ist denn?)	elly	إللي
das (~ ist alles)	ennu	إنّه
etwas	ḥāga (f)	حاجة
irgendwas	ayī ḥāga (f)	أيّ حاجة
nichts	wala ḥāga	ولا حاجة
wer (~ ist ~?)	elly	إللي
jemand	ḥadd	حدّ

irgendwer	ḥadd	حدّ
niemand	wala ḥadd	ولا حدّ
nirgends	meʃ le wala makān	مش لـ ولا مكان
niemandes (~ Eigentum)	wala ḥadd	ولا حدّ
jemandes	le ḥadd	لحدّ
so (derart)	geddan	جداً
auch	kamān	كمان
ebenfalls	kamān	كمان

18. Funktionswörter. Adverbien. Teil 2

Warum?	leyh?	ليه؟
aus irgendeinem Grund	le sabeben ma	لسبب ما
weil ...	ʿaʃān ...	... عشان
zu irgendeinem Zweck	le hadafen mā	لهدف ما
und	w	و
oder	walla	ولّا
aber	bass	بسّ
für (präp)	ʿaʃān	عشان
zu (~ viele)	ketīr geddan	كتير جدّاً
nur (~ einmal)	bass	بسّ
genau (Adv)	bel ḍabṭ	بالضبط
etwa	naḥw	نحو
ungefähr (Adv)	naḥw	نحو
ungefähr (Adj)	taqrīby	تقريبي
fast	ta'rīban	تقريباً
Übrige (n)	el bā'y (m)	الباقي
jeder (~ Mann)	koll	كلّ
beliebig (Adj)	ayī	أيّ
viel	ketīr	كتير
viele Menschen	nās ketīr	ناس كتير
alle (wir ~)	koll el nās	كلّ الناس
im Austausch gegen ...	fi moqābel ...	... في مقابل
dafür (Adv)	fe moqābel	في مقابل
mit der Hand (Hand-)	bel yad	باليد
schwerlich (Adv)	bel kād	بالكاد
wahrscheinlich (Adv)	momken	ممكن
absichtlich (Adv)	bel 'aṣd	بالقصد
zufällig (Adv)	bel ṣodfa	بالصدفة
sehr (Adv)	'awy	قويّ
zum Beispiel	masalan	مثلاً
zwischen	beyn	بين
unter (Wir sind ~ Mördern)	wesṭ	وسط
so viele (~ Ideen)	ketīr	كتير
besonders (Adv)	χāṣṣa	خاصّة

Grundbegriffe. Teil 2

19. Wochentage

Montag (m)	el etneyn (m)	الإتنين
Dienstag (m)	el talāt (m)	التلات
Mittwoch (m)	el arbe'ā' (m)	الأربعاء
Donnerstag (m)	el χamīs (m)	الخميس
Freitag (m)	el gom'a (m)	الجمعة
Samstag (m)	el sabt (m)	السبت
Sonntag (m)	el aḥad (m)	الأحد
heute	el naharda	النهارده
morgen	bokra	بكرة
übermorgen	ba'd bokra (m)	بعد بكرة
gestern	embāreḥ	امبارح
vorgestern	awwel embāreḥ	أوّل امبارح
Tag (m)	yome (m)	يوم
Arbeitstag (m)	yome 'amal (m)	يوم عمل
Feiertag (m)	agāza rasmiya (f)	أجازة رسميّة
freier Tag (m)	yome el agāza (m)	يوم أجازة
Wochenende (n)	nehāyet el osbū' (f)	نهاية الأسبوع
den ganzen Tag	ṭūl el yome	طول اليوم
am nächsten Tag	fel yome elly ba'dīh	في اليوم اللي بعديه
zwei Tage vorher	men yomeyn	من يومين
am Vortag	fel yome elly 'ablo	في اليوم اللي قبله
täglich (Adj)	yawmy	يومي
täglich (Adv)	yawmiyan	يومياً
Woche (f)	osbū' (m)	أسبوع
letzte Woche	el esbū' elly fāt	الأسبوع اللي فات
nächste Woche	el esbū' elly gayī	الأسبوع اللي جاي
wöchentlich (Adj)	osbū'y	أسبوعي
wöchentlich (Adv)	osbū'iyan	أسبوعياً
zweimal pro Woche	marreteyn fel osbū'	مرّتين في الأسبوع
jeden Dienstag	koll solasā'	كلّ ثلاثاء

20. Stunden. Tag und Nacht

Morgen (m)	ṣobḥ (m)	صبح
morgens	fel ṣobḥ	في الصبح
Mittag (m)	ẓohr (m)	ظهر
nachmittags	ba'd el ḍohr	بعد الظهر
Abend (m)	leyl (m)	ليل
abends	bel leyl	بالليل

Nacht (f)	leyl (m)	ليل
nachts	bel leyl	بالليل
Mitternacht (f)	noṣṣ el leyl (m)	نصّ الليل
Sekunde (f)	sanya (f)	ثانية
Minute (f)	de'ī'a (f)	دقيقة
Stunde (f)	sā'a (f)	ساعة
eine halbe Stunde	noṣṣ sā'a (m)	نصّ ساعة
Viertelstunde (f)	rob' sā'a (f)	ربع ساعة
fünfzehn Minuten	χamastāʃer de'ī'a	خمستاشر دقيقة
Tag und Nacht	arba'a we 'eʃrīn sā'a	أربعة وعشرين ساعة
Sonnenaufgang (m)	ʃorū' el ʃams (m)	شروق الشمس
Morgendämmerung (f)	fagr (m)	فجر
früher Morgen (m)	ṣobḥ badry (m)	صبح بدري
Sonnenuntergang (m)	ɣorūb el ʃams (m)	غروب الشمس
früh am Morgen	el ṣobḥ badry	الصبح بدري
heute Morgen	el naharda el ṣobḥ	النهاردة الصبح
morgen früh	bokra el ṣobḥ	بكرة الصبح
heute Mittag	el naharda ba'd el ḍohr	النهاردة بعد الظهر
nachmittags	ba'd el ḍohr	بعد الظهر
morgen Nachmittag	bokra ba'd el ḍohr	بكرة بعد الظهر
heute Abend	el naharda bel leyl	النهاردة بالليل
morgen Abend	bokra bel leyl	بكرة بالليل
Punkt drei Uhr	es sā'a talāta bel ḍabṭ	الساعة تلاتة بالضبط
gegen vier Uhr	es sā'a arba'a ta'rīban	الساعة أربعة تقريبا
um zwölf Uhr	ḥatt es sā'a etnāʃar	حتى الساعة إتناشر
in zwanzig Minuten	fe χelāl 'eʃrīn de'ee'a	في خلال عشرين دقيقة
in einer Stunde	fe χelāl sā'a	في خلال ساعة
rechtzeitig (Adv)	fe maw'edo	في موعده
Viertel vor ...	ella rob'	إلّا ربع
innerhalb einer Stunde	χelāl sā'a	خلال ساعة
alle fünfzehn Minuten	koll rob' sā'a	كلّ ربع ساعة
Tag und Nacht	leyl nahār	ليل نهار

21. Monate. Jahreszeiten

Januar (m)	yanāyer (m)	يناير
Februar (m)	febrāyer (m)	فبراير
März (m)	māres (m)	مارس
April (m)	ebrīl (m)	إبريل
Mai (m)	māyo (m)	مايو
Juni (m)	yonyo (m)	يونيو
Juli (m)	yolyo (m)	يوليو
August (m)	oɣosṭos (m)	أغسطس
September (m)	sebtamber (m)	سبتمبر
Oktober (m)	oktober (m)	أكتوبر
November (m)	november (m)	نوفمبر

Dezember (m)	desember (m)	ديسمبر
Frühling (m)	rabee' (m)	ربيع
im Frühling	fel rabee'	في الربيع
Frühlings-	rabee'y	ربيعي
Sommer (m)	ṣeyf (m)	صيف
im Sommer	fel ṣeyf	في الصيف
Sommer-	ṣeyfy	صيفي
Herbst (m)	χarīf (m)	خريف
im Herbst	fel χarīf	في الخريف
Herbst-	χarīfy	خريفي
Winter (m)	ʃetā' (m)	شتاء
im Winter	fel ʃetā'	في الشتاء
Winter-	ʃetwy	شتوّي
Monat (m)	ʃahr (m)	شهر
in diesem Monat	fel ʃahr da	في الشهر ده
nächsten Monat	el ʃahr el gayī	الشهر الجايّ
letzten Monat	el ʃahr elly fāt	الشهر اللي فات
vor einem Monat	men ʃahr	من شهر
über eine Monat	ba'd ʃahr	بعد شهر
in zwei Monaten	ba'd ʃahreyn	بعد شهرين
den ganzen Monat	ṭawāl el ʃahr	طوال الشهر
monatlich (Adj)	ʃahry	شهري
monatlich (Adv)	ʃahry	شهري
jeden Monat	koll ʃahr	كلّ شهر
zweimal pro Monat	marreteyn fel ʃahr	مرّتين في الشهر
Jahr (n)	sana (f)	سنة
dieses Jahr	el sana di	السنة دي
nächstes Jahr	el sana el gaya	السنة الجايّة
voriges Jahr	el sana elly fātet	السنة اللي فاتت
vor einem Jahr	men sana	من سنة
in einem Jahr	ba'd sana	بعد سنة
in zwei Jahren	ba'd sanateyn	بعد سنتين
das ganze Jahr	ṭūl el sana	طول السنة
jedes Jahr	koll sana	كلّ سنة
jährlich (Adj)	sanawy	سنوّي
jährlich (Adv)	koll sana	كلّ سنة
viermal pro Jahr	arba' marrāt fel sana	أربع مرات في السنة
Datum (heutige ~)	tarīχ (m)	تاريخ
Datum (Geburts-)	tarīχ (m)	تاريخ
Kalender (m)	natīga (f)	نتيجة
ein halbes Jahr	noṣṣ sana	نصّ سنة
Halbjahr (n)	settet aʃ-hor (f)	ستّة أشهر
Saison (f)	faṣl (m)	فصل
Jahrhundert (n)	qarn (m)	قرن

22. Maßeinheiten

Gewicht (n)	wazn (m)	وزن
Länge (f)	ṭūl (m)	طول
Breite (f)	'arḍ (m)	عرض
Höhe (f)	ertefā' (m)	إرتفاع
Tiefe (f)	'omq (m)	عمق
Volumen (n)	ḥagm (m)	حجم
Fläche (f)	mesāḥa (f)	مساحة
Gramm (n)	gram (m)	جرام
Milligramm (n)	milligrām (m)	ملّيغرام
Kilo (n)	kilogrām (m)	كيلوغرام
Tonne (f)	ṭenn (m)	طنّ
Pfund (n)	reṭl (m)	رطل
Unze (f)	onṣa (f)	أونصة
Meter (m)	metr (m)	متر
Millimeter (m)	millimetr (m)	ملّيمتر
Zentimeter (m)	santimetr (m)	سنتيمتر
Kilometer (m)	kilometr (m)	كيلومتر
Meile (f)	mīl (m)	ميل
Zoll (m)	boṣa (f)	بوصة
Fuß (m)	'adam (m)	قدم
Yard (n)	yarda (f)	ياردة
Quadratmeter (m)	metr morabba' (m)	متر مربّع
Hektar (n)	hektār (m)	هكتار
Liter (m)	litre (m)	لتر
Grad (m)	daraga (f)	درجة
Volt (n)	volt (m)	فولت
Ampere (n)	ambere (m)	أمبير
Pferdestärke (f)	ḥoṣān (m)	حصان
Anzahl (f)	kemiya (f)	كميّة
etwas ...	ʃewayet ...	شويّة...
Hälfte (f)	noṣṣ (m)	نصّ
Dutzend (n)	desta (f)	دستة
Stück (n)	waḥda (f)	وحدة
Größe (f)	ḥagm (m)	حجم
Maßstab (m)	me'yās (m)	مقياس
minimal (Adj)	el adna	الأدنى
der kleinste	el aṣɣar	الأصغر
mittler, mittel-	motawasseṭ	متوّسط
maximal (Adj)	el aqṣa	الأقصى
der größte	el akbar	الأكبر

23. Behälter

Glas (Einmachglas)	barṭamān (m)	برطمان
Dose (z.B. Bierdose)	kanz (m)	كانز

Eimer (m)	gardal (m)	جردل
Fass (n), Tonne (f)	barmīl (m)	برميل
Waschschüssel (n)	ḥoḍe lel ɣasīl (m)	حوض للغسيل
Tank (m)	χazzān (m)	خزّان
Flachmann (m)	zamzamiya (f)	زمزميّة
Kanister (m)	ʒerken (m)	جركن
Zisterne (f)	χazzān (m)	خزّان
Kaffeebecher (m)	mugg (m)	ماجّ
Tasse (f)	fengān (m)	فنجان
Untertasse (f)	ṭaba' fengān (m)	طبق فنجان
Wasserglas (n)	kobbāya (f)	كوبّاية
Weinglas (n)	kāsa (f)	كاسة
Kochtopf (m)	ḥalla (f)	حلّة
Flasche (f)	ezāza (f)	إزازة
Flaschenhals (m)	'onq (m)	عنق
Karaffe (f)	dawra' zogāgy (m)	دورق زجاجي
Tonkrug (m)	ebrī' (m)	إبريق
Gefäß (n)	we'ā' (m)	وعاء
Tontopf (m)	aṣīṣ (m)	أصيص
Vase (f)	vāza (f)	فازة
Flakon (n)	ezāza (f)	إزازة
Fläschchen (n)	ezāza (f)	إزازة
Tube (z.B. Zahnpasta)	anbūba (f)	أنبوبة
Sack (~ Kartoffeln)	kīs (m)	كيس
Tüte (z.B. Plastiktüte)	kīs (m)	كيس
Schachtel (f) (z.B. Zigaretten~)	'elba (f)	علبة
Karton (z.B. Schuhkarton)	'elba (f)	علبة
Kiste (z.B. Bananenkiste)	ṣandū' (m)	صندوق
Korb (m)	salla (f)	سلّة

DER MENSCH

Der Mensch. Körper

24. Kopf

Kopf (m)	ra’s (m)	رأس
Gesicht (n)	weʃ (m)	وش
Nase (f)	manaχīr (m)	مناخير
Mund (m)	bo’ (m)	بوء
Auge (n)	‘eyn (f)	عين
Augen (pl)	‘oyūn (pl)	عيون
Pupille (f)	ḥad’a (f)	حدقة
Augenbraue (f)	ḥāgeb (m)	حاجب
Wimper (f)	remʃ (m)	رمش
Augenlid (n)	gefn (m)	جفن
Zunge (f)	lesān (m)	لسان
Zahn (m)	senna (f)	سنّة
Lippen (pl)	ʃafāyef (pl)	شفايف
Backenknochen (pl)	‘aḍmet el χadd (f)	عضمة الخدّ
Zahnfleisch (n)	lassa (f)	لثّة
Gaumen (m)	ḥanak (m)	حنك
Nasenlöcher (pl)	manaχer (pl)	مناخر
Kinn (n)	da’’n (m)	دقن
Kiefer (m)	fakk (m)	فكّ
Wange (f)	χadd (m)	خدّ
Stirn (f)	gabha (f)	جبهة
Schläfe (f)	ṣedɣ (m)	صدغ
Ohr (n)	wedn (f)	ودن
Nacken (m)	’afa (m)	قفا
Hals (m)	ra’aba (f)	رقبة
Kehle (f)	zore (m)	زور
Haare (pl)	ʃa‘r (m)	شعر
Frisur (f)	tasrīḥa (f)	تسريحة
Haarschnitt (m)	tasrīḥa (f)	تسريحة
Perücke (f)	barūka (f)	باروكة
Schnurrbart (m)	ʃanab (pl)	شنب
Bart (m)	leḥya (f)	لحية
haben (einen Bart ~)	‘ando	عنده
Zopf (m)	ḍefīra (f)	ضفيرة
Backenbart (m)	sawālef (pl)	سوالف
rothaarig	aḥmar el ʃa‘r	أحمر الشعر
grau	ʃa‘r abyaḍ	شعر أبيض

kahl	aṣlaʿ	أصلع
Glatze (f)	ṣalaʿ (m)	صلع
Pferdeschwanz (m)	deyl ḥoṣān (m)	ديل حصان
Pony (Ponyfrisur)	ʾoṣṣa (f)	قصّة

25. Menschlicher Körper

Hand (f)	yad (m)	يد
Arm (m)	derāʿ (f)	دراع
Finger (m)	ṣobāʿ (m)	صباع
Zehe (f)	ṣobāʿ el ʾadam (m)	صباع القدم
Daumen (m)	ebhām (m)	إبهام
kleiner Finger (m)	χonṣor (m)	خنصر
Nagel (m)	ḍefr (m)	ضفر
Faust (f)	qabḍa (f)	قبضة
Handfläche (f)	kaff (f)	كفّ
Handgelenk (n)	meʿṣam (m)	معصم
Unterarm (m)	sāʿed (m)	ساعد
Ellbogen (m)	kūʿ (m)	كوع
Schulter (f)	ketf (f)	كتف
Bein (n)	regl (f)	رجل
Fuß (m)	qadam (f)	قدم
Knie (n)	rokba (f)	ركبة
Wade (f)	semmāna (f)	سمّانة
Hüfte (f)	faχd (f)	فخد
Ferse (f)	kaʿb (m)	كعب
Körper (m)	gesm (m)	جسم
Bauch (m)	baṭn (m)	بطن
Brust (f)	ṣedr (m)	صدر
Busen (m)	sady (m)	ثدي
Seite (f), Flanke (f)	ganb (m)	جنب
Rücken (m)	ḍahr (m)	ضهر
Kreuz (n)	asfal el ḍahr (m)	أسفل الضهر
Taille (f)	wesṭ (f)	وسط
Nabel (m)	sorra (f)	سرّة
Gesäßbacken (pl)	ardāf (pl)	أرداف
Hinterteil (n)	debr (m)	دبر
Leberfleck (m)	ʃāma (f)	شامة
Muttermal (n)	waḥma	وحمة
Tätowierung (f)	waʃm (m)	وشم
Narbe (f)	nadba (f)	ندبة

Kleidung & Accessoires

26. Oberbekleidung. Mäntel

Kleidung (f)	malābes (pl)	ملابس
Oberkleidung (f)	malābes fo'aniya (pl)	ملابس فوقانيّة
Winterkleidung (f)	malābes ʃetwiya (pl)	ملابس شتويّة
Mantel (m)	balṭo (m)	بالطو
Pelzmantel (m)	balṭo farww (m)	بالطو فروّ
Pelzjacke (f)	ʒaket farww (m)	جاكيت فروّ
Daunenjacke (f)	balṭo maḥʃy rīʃ (m)	بالطو محشي ريش
Jacke (z.B. Lederjacke)	ʒæket (m)	جاكيت
Regenmantel (m)	ʒæket lel maṭar (m)	جاكيت للمطر
wasserdicht	wāqy men el maya	واقي من الميّة

27. Men's & women's clothing

Hemd (n)	'amīṣ (m)	قميص
Hose (f)	banṭalone (f)	بنطلون
Jeans (pl)	ʒeans (m)	جينز
Jackett (n)	ʒæket (f)	جاكت
Anzug (m)	badla (f)	بدلة
Damenkleid (n)	fostān (m)	فستان
Rock (m)	ʒība (f)	جيبة
Bluse (f)	bloza (f)	بلوزة
Strickjacke (f)	kardigan (m)	كارديجن
Jacke (Damen Kostüm)	ʒæket (m)	جاكيت
T-Shirt (n)	ti ʃirt (m)	تي شيرت
Shorts (pl)	ʃort (m)	شورت
Sportanzug (m)	treneng (m)	ترينينج
Bademantel (m)	robe el ḥammām (m)	روب حمّام
Schlafanzug (m)	beʒāma (f)	بيجاما
Sweater (m)	blover (f)	بلوفر
Pullover (m)	blover (m)	بلوفر
Weste (f)	vest (m)	فيست
Frack (m)	badlet sahra ṭawīla (f)	بدلة سهرة طويلة
Smoking (m)	badla (f)	بدلة
Uniform (f)	zayī muwaḥḥad (m)	زيّ موحّد
Arbeitskleidung (f)	lebs el ʃoɣl (m)	لبس الشغل
Overall (m)	overall (m)	اوفر اول
Kittel (z.B. Arztkittel)	balṭo (m)	بالطو

28. Kleidung. Unterwäsche

Unterwäsche (f)	malābes dāχeliya (pl)	ملابس داخلية
Herrenslip (m)	sirwāl dāχly rigāly (m)	سروال داخلي رجاليّ
Damenslip (m)	sirwāl dāχly nisā'y (m)	سروال داخلي نسائي
Unterhemd (n)	fanella (f)	فانلّا
Socken (pl)	ʃarāb (m)	شراب
Nachthemd (n)	'amīṣ nome (m)	قميص نوم
Büstenhalter (m)	setyāna (f)	ستيانة
Kniestrümpfe (pl)	ʃarabāt ṭawīla (pl)	شرابات طويلة
Strumpfhose (f)	klone (m)	كلون
Strümpfe (pl)	gawāreb (pl)	جوارب
Badeanzug (m)	mayo (m)	مايّوه

29. Kopfbekleidung

Mütze (f)	ṭa'iya (f)	طاقيّة
Filzhut (m)	borneyṭa (f)	برنيطة
Baseballkappe (f)	base bāl kāb (m)	بيس بول كاب
Schiebermütze (f)	ṭa'iya mosaṭṭaḥa (f)	طاقيّة مسطحة
Baskenmütze (f)	bereyh (m)	بيريه
Kapuze (f)	ɣaṭa' (f)	غطاء
Panamahut (m)	qobba'et banama (f)	قبّعة بناما
Strickmütze (f)	ays kāb (m)	آيس كاب
Kopftuch (n)	eʃarb (m)	إيشارب
Damenhut (m)	borneyṭa (f)	برنيطة
Schutzhelm (m)	χawza (f)	خوذة
Feldmütze (f)	kāb (m)	كاب
Helm (z.B. Motorradhelm)	χawza (f)	خوذة
Melone (f)	qobba'a (f)	قبّعة
Zylinder (m)	qobba'a rasmiya (f)	قبّعة رسمية

30. Schuhwerk

Schuhe (pl)	gezam (pl)	جزم
Stiefeletten (pl)	gazma (f)	جزمة
Halbschuhe (pl)	gazma (f)	جزمة
Stiefel (pl)	būt (m)	بوت
Hausschuhe (pl)	ʃebʃeb (m)	شبشب
Tennisschuhe (pl)	kotʃy tennis (m)	كوتشي تنس
Leinenschuhe (pl)	kotʃy (m)	كوتشي
Sandalen (pl)	ṣandal (pl)	صندل
Schuster (m)	eskāfy (m)	إسكافي
Absatz (m)	ka'b (m)	كعب

Paar (n)	goze (m)	جوز
Schnürsenkel (m)	ʃerīʾṭ (m)	شريط
schnüren (vt)	rabaṭ	ربط
Schuhlöffel (m)	labbāsa el gazma (f)	لبّاسة الجزمة
Schuhcreme (f)	warnīʃ el gazma (m)	ورنيش الجزمة

31. Persönliche Accessoires

Handschuhe (pl)	gwanty (m)	جوانتي
Fausthandschuhe (pl)	gwanty men ɣeyr aṣābeʿ (m)	جوانتي من غير أصابع
Schal (Kaschmir-)	skarf (m)	سكارف
Brille (f)	naḍḍāra (f)	نظّارة
Brillengestell (n)	eṭār (m)	إطار
Regenschirm (m)	ʃamsiya (f)	شمسيّة
Spazierstock (m)	ʿaṣāya (f)	عصاية
Haarbürste (f)	forʃet ʃaʿr (f)	فرشة شعر
Fächer (m)	marwaḥa (f)	مروّحة
Krawatte (f)	karavetta (f)	كرافتة
Fliege (f)	bebyona (m)	بيبيونة
Hosenträger (pl)	ḥammala (f)	حمّالة
Taschentuch (n)	mandīl (m)	منديل
Kamm (m)	meʃṭ (m)	مشط
Haarspange (f)	dabbūs (m)	دبّوس
Haarnadel (f)	bensa (m)	بنسة
Schnalle (f)	bokla (f)	بكلة
Gürtel (m)	ḥezām (m)	حزام
Umhängegurt (m)	ḥammalet el ketf (f)	حمّالة الكتف
Tasche (f)	ʃanṭa (f)	شنطة
Handtasche (f)	ʃanṭet yad (f)	شنطة يد
Rucksack (m)	ʃanṭet ḍahr (f)	شنطة ظهر

32. Kleidung. Verschiedenes

Mode (f)	mūḍa (f)	موضة
modisch	fel moḍa	في الموضة
Modedesigner (m)	moṣammem azyāʾ (m)	مصمّم أزياء
Kragen (m)	yāʾa (f)	ياقة
Tasche (f)	geyb (m)	جيب
Taschen-	geyb	جيب
Ärmel (m)	komm (m)	كمّ
Aufhänger (m)	ʿelāqa (f)	علّاقة
Hosenschlitz (m)	lesān (m)	لسان
Reißverschluss (m)	sosta (f)	سوستة
Verschluss (m)	maʃbak (m)	مشبك
Knopf (m)	zerr (m)	زرّ

Knopfloch (n)	ʿarwa (f)	عروة
abgehen (Knopf usw.)	weʾeʿ	وقع
nähen (vi, vt)	χayaṭ	خيّط
sticken (vt)	ṭarraz	طرّز
Stickerei (f)	taṭrīz (m)	تطريز
Nadel (f)	ebra (f)	إبرة
Faden (m)	χeyṭ (m)	خيط
Naht (f)	derz (m)	درز
sich beschmutzen	ettwassaχ	إتّوَسّخ
Fleck (m)	boʾʿa (f)	بقعة
sich knittern	takarmaʃ	تكرمش
zerreißen (vt)	ʾaṭaʿ	قطع
Motte (f)	ʿetta (f)	عثّة

33. Kosmetikartikel. Kosmetik

Zahnpasta (f)	maʿgūn asnān (m)	معجون أسنان
Zahnbürste (f)	forʃet senān (f)	فرشة أسنان
Zähne putzen	naḍḍaf el asnān	نظّف الأسنان
Rasierer (m)	mūs (m)	موس
Rasiercreme (f)	krīm ḥelāʾa (m)	كريم حلاقة
sich rasieren	ḥalaʾ	حلق
Seife (f)	ṣabūn (m)	صابون
Shampoo (n)	ʃambū (m)	شامبو
Schere (f)	maʾaṣ (m)	مقص
Nagelfeile (f)	mabrad (m)	مبرد
Nagelzange (f)	melʾaṭ (m)	ملقط
Pinzette (f)	melʾaṭ (m)	ملقط
Kosmetik (f)	mawād tagmīl (pl)	مواد تجميل
Gesichtsmaske (f)	mask (m)	ماسك
Maniküre (f)	monekīr (m)	مونيكير
Maniküre machen	ʿamal monikīr	عمل مونيكير
Pediküre (f)	badikīr (m)	باديكير
Kosmetiktasche (f)	ʃanṭet mekyāʒ (f)	شنطة مكياج
Puder (m)	bodret weʃ (f)	بودرة وش
Puderdose (f)	ʿelbet bodra (f)	علبة بودرة
Rouge (n)	aḥmar χodūd (m)	أحمر خدود
Parfüm (n)	barfān (m)	بارفان
Duftwasser (n)	kolonya (f)	كولونيا
Lotion (f)	loʃion (m)	لوشن
Kölnischwasser (n)	kolonya (f)	كولونيا
Lidschatten (m)	eyeʃadow (m)	ايّ شادو
Kajalstift (m)	koḥl (m)	كحل
Wimperntusche (f)	maskara (f)	ماسكارا
Lippenstift (m)	rūʒ (m)	روج

Nagellack (m)	monekīr (m)	مونيكير
Haarlack (m)	mosabbet el ʃa'r (m)	مثبّت الشعر
Deodorant (n)	mozīl 'ara' (m)	مزيل عرق
Creme (f)	krīm (m)	كريم
Gesichtscreme (f)	krīm lel weʃ (m)	كريم للوش
Handcreme (f)	krīm eyd (m)	كريم أيد
Anti-Falten-Creme (f)	krīm moḍād lel taga'īd (m)	كريم مضاد للتجاعيد
Tagescreme (f)	krīm en nahār (m)	كريم النهار
Nachtcreme (f)	krīm el leyl (m)	كريم الليل
Tages-	nahāry	نهاري
Nacht-	layly	ليّلي
Tampon (m)	tambon (m)	تانبون
Toilettenpapier (n)	wara' twalet (m)	ورق تواليت
Föhn (m)	seʃwār (m)	سشوار

34. Armbanduhren Uhren

Armbanduhr (f)	sā'a (f)	ساعة
Zifferblatt (n)	wag-h el sā'a (m)	وجه الساعة
Zeiger (m)	'a'rab el sā'a (m)	عقرب الساعة
Metallarmband (n)	ʃerī'ṭ sā'a ma'daniya (m)	شريط ساعة معدنية
Uhrenarmband (n)	ʃerī'ṭ el sā'a (m)	شريط الساعة
Batterie (f)	baṭṭariya (f)	بطّاريّة
verbraucht sein	χelṣet	خلصت
die Batterie wechseln	ɣayar el baṭṭariya	غيّر البطّاريّة
vorgehen (vi)	saba'	سبق
nachgehen (vi)	ta'akχar	تأخّر
Wanduhr (f)	sā'et ḥeyṭa (f)	ساعة حيطة
Sanduhr (f)	sā'a ramliya (f)	ساعة رمليّة
Sonnenuhr (f)	sā'a ʃamsiya (f)	ساعة شمسيّة
Wecker (m)	monabbeh (m)	منبّه
Uhrmacher (m)	sa'āty (m)	ساعاتي
reparieren (vt)	ṣallaḥ	صلّح

Essen. Ernährung

35. Essen

Fleisch (n)	laḥma (f)	لحمة
Hühnerfleisch (n)	ferāχ (m)	فراخ
Küken (n)	farrūg (m)	فرّوج
Ente (f)	baṭṭa (f)	بطّة
Gans (f)	wezza (f)	وزّة
Wild (n)	ṣeyd (m)	صيد
Pute (f)	dīk rūmy (m)	ديك رومي
Schweinefleisch (n)	laḥm el χanazīr (m)	لحم الخنزير
Kalbfleisch (n)	laḥm el ʻegl (m)	لحم العجل
Hammelfleisch (n)	laḥm ḍāny (m)	لحم ضاني
Rindfleisch (n)	laḥm baqary (m)	لحم بقري
Kaninchenfleisch (n)	laḥm arāneb (m)	لحم أرانب
Wurst (f)	sogo" (m)	سجق
Würstchen (n)	sogo" (m)	سجق
Schinkenspeck (m)	bakon (m)	بيكون
Schinken (m)	hām(m)	هام
Räucherschinken (m)	faχd χanzīr (m)	فخد خنزير
Pastete (f)	maʻgūn laḥm (m)	معجون لحم
Leber (f)	kebda (f)	كبدة
Hackfleisch (n)	hamburger (m)	هامبورجر
Zunge (f)	lesān (m)	لسان
Ei (n)	beyḍa (f)	بيضة
Eier (pl)	beyḍ (m)	بيض
Eiweiß (n)	bayāḍ el beyḍ (m)	بياض البيض
Eigelb (n)	ṣafār el beyḍ (m)	صفار البيض
Fisch (m)	samak (m)	سمك
Meeresfrüchte (pl)	sīfūd (pl)	سي فود
Kaviar (m)	kaviar (m)	كافيار
Krabbe (f)	kaboria (m)	كابوريا
Garnele (f)	gammbary (m)	جمّبري
Auster (f)	maḥār (m)	محار
Languste (f)	estakoza (m)	استاكوزا
Krake (m)	aχṭabūṭ (m)	أخطبوط
Kalmar (m)	kalmāry (m)	كالماري
Störfleisch (n)	samak el ḥafʃ (m)	سمك الحفش
Lachs (m)	salamon (m)	سلمون
Heilbutt (m)	samak el halbūt (m)	سمك الهلبوت
Dorsch (m)	samak el qadd (m)	سمك القد
Makrele (f)	makerel (m)	ماكريل

Tunfisch (m)	tuna (f)	تونة
Aal (m)	ḥankalīs (m)	حنكليس
Forelle (f)	salamon mera''aṭ (m)	سلمون مرقّط
Sardine (f)	sardīn (m)	سردين
Hecht (m)	samak el karāky (m)	سمك الكراكي
Hering (m)	renga (f)	رنجة
Brot (n)	ʿeyʃ (m)	عيش
Käse (m)	gebna (f)	جبنة
Zucker (m)	sokkar (m)	سكّر
Salz (n)	melḥ (m)	ملح
Reis (m)	rozz (m)	رزّ
Teigwaren (pl)	makaruna (f)	مكرونة
Nudeln (pl)	nūdles (f)	نودلز
Butter (f)	zebda (f)	زبّدة
Pflanzenöl (n)	zeyt (m)	زيت
Sonnenblumenöl (n)	zeyt ʿabbād el ʃams (m)	زيت عبّاد الشمس
Margarine (f)	margarīn (m)	مارجرين
Oliven (pl)	zaytūn (m)	زيتون
Olivenöl (n)	zeyt el zaytūn (m)	زيت الزيتون
Milch (f)	laban (m)	لبن
Kondensmilch (f)	ḥalīb mokassaf (m)	حليب مكثّف
Joghurt (m)	zabādy (m)	زبادي
saure Sahne (f)	kreyma ḥamḍa (f)	كريمة حامضة
Sahne (f)	krīma (f)	كريمة
Mayonnaise (f)	mayonnɛ:z (m)	مايونيز
Buttercreme (f)	krīmet zebda (f)	كريمة زبدة
Grütze (f)	ḥobūb 'amḥ (pl)	حبوب قمح
Mehl (n)	de'ī' (m)	دقيق
Konserven (pl)	moʿallabāt (pl)	معلّبات
Maisflocken (pl)	korn fleks (m)	كورن فليكس
Honig (m)	ʿasal (m)	عسل
Marmelade (f)	mrabba (m)	مربّى
Kaugummi (m, n)	lebān (m)	لبان

36. Getränke

Wasser (n)	meyāh (f)	مياه
Trinkwasser (n)	mayet ʃorb (m)	ميّة شرب
Mineralwasser (n)	maya maʿdaniya (f)	ميّة معدنية
still	rakeda	راكدة
mit Kohlensäure	kanz	كانز
mit Gas	kanz	كانز
Eis (n)	talg (m)	ثلج
mit Eis	bel talg	بالثلج

alkoholfrei (Adj)	men ɣeyr koḥūl	من غير كحول
alkoholfreies Getränk (n)	maʃrūb ɣāzy (m)	مشروب غازي
Erfrischungsgetränk (n)	ḥāga sa"a (f)	حاجة ساقعة
Limonade (f)	limonāta (f)	ليموناتة
Spirituosen (pl)	maʃrūbāt koḥūliya (pl)	مشروبات كحولية
Wein (m)	χamra (f)	خمرة
Weißwein (m)	nebīz abyaḍ (m)	نبيذ أبيض
Rotwein (m)	nebī aḥmar (m)	نبيذ أحمر
Likör (m)	liqure (m)	ليكيور
Champagner (m)	ʃambania (f)	شمبانيا
Wermut (m)	vermote (m)	فيرموت
Whisky (m)	wiski (m)	ويسكي
Wodka (m)	vodka (f)	فودكا
Gin (m)	ʒin (m)	جين
Kognak (m)	konyāk (m)	كونياك
Rum (m)	rum (m)	رم
Kaffee (m)	'ahwa (f)	قهوة
schwarzer Kaffee (m)	'ahwa sāda (f)	قهوة سادة
Milchkaffee (m)	'ahwa bel ḥalīb (f)	قهوة بالحليب
Cappuccino (m)	kaputʃino (m)	كابتشينو
Pulverkaffee (m)	neskafe (m)	نيسكافيه
Milch (f)	laban (m)	لبن
Cocktail (m)	koktayl (m)	كوكتيل
Milchcocktail (m)	milk ʃejk (m)	ميلك شيك
Saft (m)	'aṣīr (m)	عصير
Tomatensaft (m)	'aṣīr ṭamāṭem (m)	عصير طماطم
Orangensaft (m)	'aṣīr bortoqāl (m)	عصير برتقال
frisch gepresster Saft (m)	'aṣīr freʃ (m)	عصير فريش
Bier (n)	bīra (f)	بيرة
Helles (n)	bīra χafīfa (f)	بيرة خفيفة
Dunkelbier (n)	bīra ɣam'a (f)	بيرة غامقة
Tee (m)	ʃāy (m)	شاي
schwarzer Tee (m)	ʃāy aḥmar (m)	شاي أحمر
grüner Tee (m)	ʃāy aχḍar (m)	شاي أخضر

37. Gemüse

Gemüse (n)	χoḍār (pl)	خضار
grünes Gemüse (pl)	χoḍrawāt waraqiya (pl)	خضروات ورقية
Tomate (f)	ṭamāṭem (f)	طماطم
Gurke (f)	χeyār (m)	خيار
Karotte (f)	gazar (m)	جزر
Kartoffel (f)	baṭāṭes (f)	بطاطس
Zwiebel (f)	baṣal (m)	بصل
Knoblauch (m)	tūm (m)	ثوم

Kohl (m)	koronb (m)	كرنب
Blumenkohl (m)	'arnabīṭ (m)	قرنبيط
Rosenkohl (m)	koronb broksel (m)	كرنب بروكسل
Brokkoli (m)	brokkoli (m)	بركولي
Rote Bete (f)	bangar (m)	بنجر
Aubergine (f)	bātengān (m)	باذنجان
Zucchini (f)	kōsa (f)	كوسة
Kürbis (m)	qar' 'asaly (m)	قرع عسلي
Rübe (f)	left (m)	لفت
Petersilie (f)	ba'dūnes (m)	بقدونس
Dill (m)	ʃabat (m)	شبت
Kopf Salat (m)	χass (m)	خسّ
Sellerie (m)	karfas (m)	كرفس
Spargel (m)	helione (m)	هليون
Spinat (m)	sabāneχ (m)	سبانخ
Erbse (f)	besella (f)	بسلّة
Bohnen (pl)	fūl (m)	فول
Mais (m)	dora (f)	ذرة
weiße Bohne (f)	faṣolya (f)	فاصوليا
Paprika (m)	felfel (m)	فلفل
Radieschen (n)	fegl (m)	فجل
Artischocke (f)	χarʃūf (m)	خرشوف

38. Obst. Nüsse

Frucht (f)	faχa (f)	فاكهة
Apfel (m)	toffāḥa (f)	تفّاحة
Birne (f)	komettra (f)	كمّثرى
Zitrone (f)	lymūn (m)	ليمون
Apfelsine (f)	bortoqāl (m)	برتقال
Erdbeere (f)	farawla (f)	فراولة
Mandarine (f)	yosfy (m)	يوسفي
Pflaume (f)	bar'ū' (m)	برقوق
Pfirsich (m)	χawχa (f)	خوخة
Aprikose (f)	meʃmeʃ (f)	مشمش
Himbeere (f)	tūt el 'alī' el aḥmar (m)	توت العليق الأحمر
Ananas (f)	ananās (m)	أناناس
Banane (f)	moze (m)	موز
Wassermelone (f)	baṭṭīχ (m)	بطّيخ
Weintrauben (pl)	'enab (m)	عنب
Kirsche (f)	karaz (m)	كرز
Melone (f)	ʃammām (f)	شمّام
Grapefruit (f)	grabe frūt (m)	جريب فروت
Avocado (f)	avokado (f)	افوكاتو
Papaya (f)	babāya (m)	ببايا
Mango (f)	manga (m)	مانجة
Granatapfel (m)	rommān (m)	رمان

rote Johannisbeere (f)	keʃmeʃ aḥmar (m)	كشمش أحمر
schwarze Johannisbeere (f)	keʃmeʃ aswad (m)	كشمش أسود
Stachelbeere (f)	ʻenab el saʻlab (m)	عنب الثعلب
Heidelbeere (f)	ʻenab al aḥrāg (m)	عنب الأحراج
Brombeere (f)	tūt aswad (m)	توت أسود
Rosinen (pl)	zebīb (m)	زبيب
Feige (f)	tīn (m)	تين
Dattel (f)	tamr (m)	تمر
Erdnuss (f)	fūl sudāny (m)	فول سوداني
Mandel (f)	loze (m)	لوز
Walnuss (f)	ʻeyn gamal (f)	عين الجمل
Haselnuss (f)	bondoʼ (m)	بندق
Kokosnuss (f)	goze el hend (m)	جوز هند
Pistazien (pl)	fostoʼ (m)	فستق

39. Brot. Süßigkeiten

Konditorwaren (pl)	ḥalawīāt (pl)	حلويّات
Brot (n)	ʻeyʃ (m)	عيش
Keks (m, n)	baskawīt (m)	بسكويت
Schokolade (f)	ʃokolāta (f)	شكولاتة
Schokoladen-	bel ʃokolāṭa	بالشكولاتة
Bonbon (m, n)	bonbony (m)	بونبوني
Kuchen (m)	keyka (f)	كيكة
Torte (f)	torta (f)	تورتة
Kuchen (Apfel-)	feṭīra (f)	فطيرة
Füllung (f)	ḥaʃwa (f)	حشوة
Konfitüre (f)	mrabba (m)	مربّى
Marmelade (f)	marmalād (f)	مرملاد
Waffeln (pl)	waffles (pl)	وافلز
Eis (n)	ʼays krīm (m)	آيس كريم
Pudding (m)	būding (m)	بودنج

40. Gerichte

Gericht (n)	wagba (f)	وجبة
Küche (f)	maṭbax (m)	مطبخ
Rezept (n)	waṣfa (f)	وصفة
Portion (f)	naṣīb (m)	نصيب
Salat (m)	solṭa (f)	سلطة
Suppe (f)	ʃorba (f)	شوربة
Brühe (f), Bouillon (f)	maraʼa (m)	مرقة
belegtes Brot (n)	sandawitʃ (m)	ساندويتش
Spiegelei (n)	beyḍ maʼly (m)	بيض مقلي
Hamburger (m)	hamburger (m)	هامبورجر

Beefsteak (n)	steak laḥm (m)	ستيك لحم
Beilage (f)	ṭaba' gāneby (m)	طبق جانبي
Spaghetti (pl)	spaɣetti (m)	سباجيتي
Kartoffelpüree (n)	baṭāṭes mahrūsa (f)	بطاطس مهروسة
Pizza (f)	bītza (f)	بيتزا
Brei (m)	'aṣīda (f)	عصيدة
Omelett (n)	omlette (m)	اومليت
gekocht	maslū'	مسلوق
geräuchert	modakχen	مدخّن
gebraten	ma'ly	مقلي
getrocknet	mogaffaf	مجفّف
tiefgekühlt	mogammad	مجمّد
mariniert	meχallel	مخلّل
süß	mesakkar	مسكّر
salzig	māleḥ	مالح
kalt	bāred	بارد
heiß	soχn	سخن
bitter	morr	مرّ
lecker	ḥelw	حلو
kochen (vt)	sala'	سلق
zubereiten (vt)	ḥaḍḍar	حضّر
braten (vt)	'ala	قلي
aufwärmen (vt)	sakχan	سخّن
salzen (vt)	rasʃ malḥ	رشّ ملح
pfeffern (vt)	rasʃ felfel	رشّ فلفل
reiben (vt)	baraʃ	برش
Schale (f)	'eʃra (f)	قشرة
schälen (vt)	'asʃar	قشّر

41. Gewürze

Salz (n)	melḥ (m)	ملح
salzig (Adj)	māleḥ	مالح
salzen (vt)	rasʃ malḥ	رشّ ملح
schwarzer Pfeffer (m)	felfel aswad (m)	فلفل أسوّد
roter Pfeffer (m)	felfel aḥmar (m)	فلفل أحمر
Senf (m)	mosṭarda (m)	مسطردة
Meerrettich (m)	fegl ḥār (m)	فجل حار
Gewürz (n)	bahār (m)	بهار
Gewürz (n)	bahār (m)	بهار
Soße (f)	ṣalṣa (f)	صلصة
Essig (m)	χall (m)	خلّ
Anis (m)	yansūn (m)	ينسون
Basilikum (n)	rīḥān (m)	ريحان
Nelke (f)	'oronfol (m)	قرنفل
Ingwer (m)	zangabīl (m)	زنجبيل
Koriander (m)	kozbora (f)	كزبرة

Zimt (m)	'erfa (f)	قرفة
Sesam (m)	semsem (m)	سمسم
Lorbeerblatt (n)	wara' el ɣār (m)	ورق الغار
Paprika (m)	babrika (f)	بابريكا
Kümmel (m)	karawya (f)	كراوية
Safran (m)	zaʿfarān (m)	زعفران

42. Mahlzeiten

Essen (n)	akl (m)	أكل
essen (vi, vt)	akal	أكل
Frühstück (n)	foṭūr (m)	فطور
frühstücken (vi)	feṭer	فطر
Mittagessen (n)	ɣada' (m)	غداء
zu Mittag essen	etɣadda	إتغدّى
Abendessen (n)	ʿaʃā' (m)	عشاء
zu Abend essen	etʿasʃa	إتعشّى
Appetit (m)	ʃahiya (f)	شهيّة
Guten Appetit!	bel hana wel ʃefa!	!بالهنا والشفا
öffnen (vt)	fataḥ	فتح
verschütten (vt)	dala'	دلق
verschüttet werden	dala'	دلق
kochen (vi)	ɣely	غلى
kochen (Wasser ~)	ɣely	غلى
gekocht (Adj)	maɣly	مغلي
kühlen (vt)	barrad	برّد
abkühlen (vi)	barrad	برّد
Geschmack (m)	ṭaʿm (m)	طعم
Beigeschmack (m)	ṭaʿm ma baʿd el mazāq (m)	طعم ما بعد المذاق
auf Diät sein	χass	خسّ
Diät (f)	reʒīm (m)	رجيم
Vitamin (n)	vitamīn (m)	فيتامين
Kalorie (f)	soʿra ḥarāriya (f)	سعرة حراريّة
Vegetarier (m)	nabāty (m)	نباتي
vegetarisch (Adj)	nabāty	نباتي
Fett (n)	dohūn (pl)	دهون
Protein (n)	brotenāt (pl)	بروتينات
Kohlenhydrat (n)	naʃawīāt (pl)	نشويّات
Scheibchen (n)	ʃarīḥa (f)	شريحة
Stück (ein ~ Kuchen)	'eṭʿa (f)	قطعة
Krümel (m)	fattāta (f)	فتاتة

43. Gedeck

Löffel (m)	maʿla'a (f)	معلقة
Messer (n)	sekkīna (f)	سكّينة

Gabel (f)	ʃawka (f)	شوكة
Tasse (eine ~ Tee)	fengān (m)	فنجان
Teller (m)	ṭaba' (m)	طبق
Untertasse (f)	ṭaba' fengān (m)	طبق فنجان
Serviette (f)	mandīl wara' (m)	منديل ورق
Zahnstocher (m)	χallet senān (f)	خلة سنان

44. Restaurant

Restaurant (n)	maṭ'am (m)	مطعم
Kaffeehaus (n)	'ahwa (f), kaféih (m)	قهوة, كافيه
Bar (f)	bār (m)	بار
Teesalon (m)	ṣalone ʃāy (m)	صالون شاي
Kellner (m)	garsone (m)	جرسون
Kellnerin (f)	garsona (f)	جرسونة
Barmixer (m)	bārman (m)	بارمان
Speisekarte (f)	qā'emet el ṭa'ām (f)	قائمة طعام
Weinkarte (f)	qā'emet el χomūr (f)	قائمة خمور
einen Tisch reservieren	ḥagaz sofra	حجز سفرة
Gericht (n)	wagba (f)	وجبة
bestellen (vt)	ṭalab	طلب
eine Bestellung aufgeben	ṭalab	طلب
Aperitif (m)	ʃarāb (m)	شراب
Vorspeise (f)	moqabbelāt (pl)	مقبّلات
Nachtisch (m)	ḥalawīāt (pl)	حلويّات
Rechnung (f)	ḥesāb (m)	حساب
Rechnung bezahlen	dafa' el ḥesāb	دفع الحساب
das Wechselgeld geben	edda el bā'y	ادّي الباقي
Trinkgeld (n)	ba'ʃīʃ (m)	بقشيش

Familie, Verwandte und Freunde

45. Persönliche Informationen. Formulare

Vorname (m)	esm (m)	اسم
Name (m)	esm el 'a'ela (m)	اسم العائلة
Geburtsdatum (n)	tarīχ el melād (m)	تاريخ الميلاد
Geburtsort (m)	makān el melād (m)	مكان الميلاد
Nationalität (f)	gensiya (f)	جنسيّة
Wohnort (m)	maqarr el eqāma (m)	مقرّ الإقامة
Land (n)	balad (m)	بلد
Beruf (m)	mehna (f)	مهنة
Geschlecht (n)	ginss (m)	جنس
Größe (f)	ṭūl (m)	طول
Gewicht (n)	wazn (m)	وزن

46. Familienmitglieder. Verwandte

Mutter (f)	walda (f)	والدة
Vater (m)	wāled (m)	والد
Sohn (m)	walad (m)	ولد
Tochter (f)	bent (f)	بنت
jüngste Tochter (f)	el bent el saɣīra (f)	البنت الصغيرة
jüngste Sohn (m)	el ebn el saɣīr (m)	الابن الصغير
ältere Tochter (f)	el bent el kebīra (f)	البنت الكبيرة
älterer Sohn (m)	el ebn el kabīr (m)	الابن الكبير
Bruder (m)	aχ (m)	أخ
älterer Bruder (m)	el aχ el kibīr (m)	الأخ الكبير
jüngerer Bruder (m)	el aχ el ṣoɣeyyir (m)	الأخ الصغير
Schwester (f)	oχt (f)	أخت
ältere Schwester (f)	el uχt el kibīra (f)	الأخت الكبيرة
jüngere Schwester (f)	el uχt el ṣoɣeyyira (f)	الأخت الصغيرة
Cousin (m)	ibn 'amm (m), ibn χāl (m)	إبن عمّ, إبن خال
Cousine (f)	bint 'amm (f), bint χāl (f)	بنت عم, بنت خال
Mama (f)	mama (f)	ماما
Papa (m)	baba (m)	بابا
Eltern (pl)	waldeyn (du)	والدين
Kind (n)	ṭefl (m)	طفل
Kinder (pl)	aṭfāl (pl)	أطفال
Großmutter (f)	gedda (f)	جدّة
Großvater (m)	gadd (m)	جدّ
Enkel (m)	ḥafīd (m)	حفيد

Enkelin (f)	ḥafīda (f)	حفيدة
Enkelkinder (pl)	aḥfād (pl)	أحفاد
Onkel (m)	ʿamm (m), χāl (m)	عمّ, خال
Tante (f)	ʿamma (f), χāla (f)	عمّة, خالة
Neffe (m)	ibn el aχ (m), ibn el uχt (m)	إبن الأخ, إبن الأخت
Nichte (f)	bint el aχ (f), bint el uχt (f)	بنت الأخ, بنت الأخت
Schwiegermutter (f)	ḥamah (f)	حماة
Schwiegervater (m)	ḥama (m)	حما
Schwiegersohn (m)	goze el bent (m)	جوز البنت
Stiefmutter (f)	merāt el abb (f)	مرات الأب
Stiefvater (m)	goze el omm (m)	جوز الأم
Säugling (m)	ṭefl raḍeeʿ (m)	طفل رضيع
Kleinkind (n)	mawlūd (m)	موّلود
Kleine (m)	walad ṣaɣīr (m)	ولد صغير
Frau (f)	goza (f)	جوزة
Mann (m)	goze (m)	جوز
Ehemann (m)	goze (m)	جوز
Gemahlin (f)	goza (f)	جوزة
verheiratet (Ehemann)	metgawwez	متجوّز
verheiratet (Ehefrau)	metgawweza	متجوّزة
ledig	aʿzab	أعزب
Junggeselle (m)	aʿzab (m)	أعزب
geschieden (Adj)	moṭallaq (m)	مطلّق
Witwe (f)	armala (f)	أرملة
Witwer (m)	armal (m)	أرمل
Verwandte (m)	ʾarīb (m)	قريب
naher Verwandter (m)	nesīb ʾarīb (m)	نسيب قريب
entfernter Verwandter (m)	nesīb beʿīd (m)	نسيب بعيد
Verwandte (pl)	aqāreb (pl)	أقارب
Waise (m, f)	yatīm (m)	يتيم
Vormund (m)	walyī amr (m)	وليّ أمر
adoptieren (einen Jungen)	tabanna	تبنّى
adoptieren (ein Mädchen)	tabanna	تبنّى

Medizin

47. Krankheiten

Krankheit (f)	maraḍ (m)	مرض
krank sein	mereḍ	مرض
Gesundheit (f)	ṣeḥḥa (f)	صحّة
Schnupfen (m)	raʃ-ḥ fel anf (m)	رشح في الأنف
Angina (f)	eltehāb el lawzateyn (m)	إلتهاب اللوزتين
Erkältung (f)	zokām (m)	زكام
sich erkälten	gālo bard	جاله برد
Bronchitis (f)	eltehāb ʃoʿaby (m)	إلتهاب شعبيّ
Lungenentzündung (f)	eltehāb raʾawy (m)	إلتهاب رئوي
Grippe (f)	influenza (f)	إنفلونزا
kurzsichtig	ʾaṣīr el naẓar	قصير النظر
weitsichtig	beʿīd el naẓar	بعيد النظر
Schielen (n)	ḥawal (m)	حوّل
schielend (Adj)	aḥwal	أحوّل
grauer Star (m)	katarakt (f)	كاتاراكت
Glaukom (n)	glawkoma (f)	جلوكوما
Schlaganfall (m)	sakta (f)	سكتة
Infarkt (m)	azma ʾalbiya (f)	أزمة قلبية
Herzinfarkt (m)	nawba ʾalbiya (f)	نوبة قلبية
Lähmung (f)	ʃalal (m)	شلل
lähmen (vt)	ʃall	شلّ
Allergie (f)	ḥasasiya (f)	حساسيّة
Asthma (n)	rabw (m)	ربو
Diabetes (m)	dāʾ el sokkary (m)	داء السكّري
Zahnschmerz (m)	alam asnān (m)	ألم الأسنان
Karies (f)	naχr el asnān (m)	نخر الأسنان
Durchfall (m)	es-hāl (m)	إسهال
Verstopfung (f)	emsāk (m)	إمساك
Magenverstimmung (f)	eḍṭrāb el meʿda (m)	إضطراب المعدة
Vergiftung (f)	tasammom (m)	تسمم
Vergiftung bekommen	etsammem	إتسمّم
Arthritis (f)	eltehāb el mafāṣel (m)	إلتهاب المفاصل
Rachitis (f)	kosāḥ el aṭfāl (m)	كساح الأطفال
Rheumatismus (m)	rheumatism (m)	روماتزم
Atherosklerose (f)	taṣṣallob el ʃarayīn (m)	تصلّب الشرايين
Gastritis (f)	eltehāb el meʿda (m)	إلتهاب المعدة
Blinddarmentzündung (f)	eltehāb el zayda el dūdiya (m)	إلتهاب الزائدة الدودية

Cholezystitis (f)	eltehāb el marāra (m)	إلتهاب المرارة
Geschwür (n)	qorḥa (f)	قرحة
Masern (pl)	maraḍ el ḥaṣba (m)	مرض الحصبة
Röteln (pl)	el ḥaṣba el almaniya (f)	الحصبة الألمانية
Gelbsucht (f)	yaraqān (m)	يرقان
Hepatitis (f)	eltehāb el kabed el vayrūsy (m)	إلتهاب الكبد الفيروسي
Schizophrenie (f)	fuṣām (m)	فصام
Tollwut (f)	dā' el kalb (m)	داء الكلب
Neurose (f)	edṭrāb 'aṣaby (m)	إضطراب عصبي
Gehirnerschütterung (f)	ertegāg el moχ (m)	إرتجاج المخ
Krebs (m)	saraṭān (m)	سرطان
Sklerose (f)	taṣṣallob (m)	تصلّب
multiple Sklerose (f)	taṣṣallob mota'added (m)	تصلّب متعدّد
Alkoholismus (m)	edmān el χamr (m)	إدمان الخمر
Alkoholiker (m)	modmen el χamr (m)	مدمن الخمر
Syphilis (f)	syfilis el zehry (m)	سفلس الزهري
AIDS	el eydz (m)	الايدز
Tumor (m)	waram (m)	ورم
bösartig	χabīs	خبيث
gutartig	ḥamīd (m)	حميد
Fieber (n)	ḥomma (f)	حمّى
Malaria (f)	malaria (f)	ملاريا
Gangrän (f, n)	ɣanɣarīna (f)	غنغرينا
Seekrankheit (f)	dawār el baḥr (m)	دوار البحر
Epilepsie (f)	maraḍ el ṣara' (m)	مرض الصرع
Epidemie (f)	wabā' (m)	وباء
Typhus (m)	tyfus (m)	تيفوس
Tuberkulose (f)	maraḍ el soll (m)	مرض السلّ
Cholera (f)	kōlīra (f)	كوليرا
Pest (f)	ṭa'ūn (m)	طاعون

48. Symptome. Behandlungen. Teil 1

Symptom (n)	'araḍ (m)	عرض
Temperatur (f)	ḥarāra (f)	حرارة
Fieber (n)	ḥomma (f)	حمّى
Puls (m)	nabḍ (m)	نبض
Schwindel (m)	dawχa (f)	دوخة
heiß (Stirne usw.)	soχn	سخن
Schüttelfrost (m)	ra'ʃa (f)	رعشة
blass (z.B. -es Gesicht)	aṣfar	أصفر
Husten (m)	koḥḥa (f)	كحّة
husten (vi)	kaḥḥ	كحّ
niesen (vi)	'aṭas	عطس

Ohnmacht (f)	dawχa (f)	دوخة
ohnmächtig werden	oɣma ʿaleyh	أغمي عليه
blauer Fleck (m)	kadma (f)	كدمة
Beule (f)	tawarrom (m)	تورّم
sich stoßen	etχabaṭ	إتخبط
Prellung (f)	raḍḍa (f)	رضّة
sich stoßen	etkadam	إتكدم
hinken (vi)	ʿarag	عرج
Verrenkung (f)	χalʿ (m)	خلع
ausrenken (vt)	χalaʿ	خلع
Fraktur (f)	kasr (m)	كسر
brechen (Arm usw.)	enkasar	إنكسر
Schnittwunde (f)	garḥ (m)	جرح
sich schneiden	garaḥ nafsoh	جرح نفسه
Blutung (f)	nazīf (m)	نزيف
Verbrennung (f)	ḥarʾ (m)	حرق
sich verbrennen	et-ḥaraʾ	إتحرق
stechen (vt)	waχaz	وخز
sich stechen	waχaz nafso	وخز نفسه
verletzen (vt)	aṣāb	أصاب
Verletzung (f)	eṣāba (f)	إصابة
Wunde (f)	garḥ (m)	جرح
Trauma (n)	ṣadma (f)	صدمة
irrereden (vi)	haza	هذى
stottern (vi)	talaʿsam	تلعثم
Sonnenstich (m)	ḍarabet ʃams (f)	ضربة شمس

49. Symptome. Behandlungen. Teil 2

Schmerz (m)	alam (m)	ألم
Splitter (m)	ʃazya (f)	شظية
Schweiß (m)	ʿerʾ (m)	عرق
schwitzen (vi)	ʿereʾ	عرق
Erbrechen (n)	targeeʿ (m)	ترجيع
Krämpfe (pl)	taʃonnogāt (pl)	تشنّجات
schwanger	ḥāmel	حامل
geboren sein	etwalad	اتولّد
Geburt (f)	welāda (f)	ولادة
gebären (vt)	walad	ولد
Abtreibung (f)	eg-hāḍ (m)	إجهاض
Atem (m)	tanaffos (m)	تنفّس
Atemzug (m)	estenʃāq (m)	إستنشاق
Ausatmung (f)	zafīr (m)	زفير
ausatmen (vt)	zafar	زفر
einatmen (vt)	estanʃaq	إستنشق

Invalide (m)	mo'āq (m)	معاق
Krüppel (m)	moq'ad (m)	مقعد
Drogenabhängiger (m)	modmen moχaddarāt (m)	مدمن مخدّرات
taub	aṭraʃ	أطرش
stumm	aχras	أخرس
taubstumm	aṭraʃ aχras	أطرش أخرس
verrückt (Adj)	magnūn (m)	مجنون
Irre (m)	magnūn (m)	مجنون
Irre (f)	magnūna (f)	مجنونة
den Verstand verlieren	etgannen	اتجنّن
Gen (n)	ʒīn (m)	جين
Immunität (f)	manā'a (f)	مناعة
erblich	werāsy	وراثي
angeboren	χolqy men el welāda	خلقي من الولادة
Virus (m, n)	virūs (m)	فيروس
Mikrobe (f)	mikrūb (m)	ميكروب
Bakterie (f)	garsūma (f)	جرثومة
Infektion (f)	'adwa (f)	عدوى

50. Symptome. Behandlungen. Teil 3

Krankenhaus (n)	mostaʃfa (m)	مستشفى
Patient (m)	marīḍ (m)	مريض
Diagnose (f)	taʃχīṣ (m)	تشخيص
Heilung (f)	ʃefā' (m)	شفاء
Behandlung (f)	'elāg ṭebby (m)	علاج طبي
Behandlung bekommen	et'āleg	اتعالج
behandeln (vt)	'ālag	عالج
pflegen (Kranke)	marraḍ	مرّض
Pflege (f)	'enāya (f)	عناية
Operation (f)	'amaliya grāḥiya (f)	عمليّة جراحية
verbinden (vt)	ḍammad	ضمّد
Verband (m)	taḍmīd (m)	تضميد
Impfung (f)	talqīḥ (m)	تلقيح
impfen (vt)	laqqaḥ	لقّح
Spritze (f)	ḥo'na (f)	حقنة
eine Spritze geben	ḥa'an ebra	حقن إبرة
Anfall (m)	nawba (f)	نوبة
Amputation (f)	batr (m)	بتر
amputieren (vt)	batr	بتر
Koma (n)	ɣaybūba (f)	غيبوبة
im Koma liegen	kān fi ḥālet ɣaybūba	كان في حالة غيبوبة
Reanimation (f)	el 'enāya el morakkaza (f)	العناية المركّزة
genesen von ... (vi)	ʃefy	شفي
Zustand (m)	ḥāla (f)	حالة

Bewusstsein (n)	wa'y (m)	وعي
Gedächtnis (n)	zākera (f)	ذاكرة
ziehen (einen Zahn ~)	χala'	خلع
Plombe (f)	ḥaʃww (m)	حشو
plombieren (vt)	ḥaʃa	حشا
Hypnose (f)	el tanwīm el meɣnaṭīsy (m)	التنويم المغناطيسى
hypnotisieren (vt)	nawwem	نوّم

51. Ärzte

Arzt (m)	doktore (m)	دكتور
Krankenschwester (f)	momarreḍa (f)	ممرّضة
Privatarzt (m)	doktore ʃaχṣy (m)	دكتور شخصي
Zahnarzt (m)	doktore asnān (m)	دكتور أسنان
Augenarzt (m)	doktore el 'oyūn (m)	دكتور العيون
Internist (m)	ṭabīb baṭna (m)	طبيب باطنة
Chirurg (m)	garrāḥ (m)	جرّاح
Psychiater (m)	doktore nafsāny (m)	دكتور نفساني
Kinderarzt (m)	doktore aṭfāl (m)	دكتور أطفال
Psychologe (m)	aχeṣā'y 'elm el nafs (m)	أخصائي علم النفس
Frauenarzt (m)	doktore nesa (m)	دكتور نسا
Kardiologe (m)	doktore 'alb (m)	دكتور قلب

52. Medizin. Medikamente. Accessoires

Arznei (f)	dawā' (m)	دواء
Heilmittel (n)	'elāg (m)	علاج
verschreiben (vt)	waṣaf	وصف
Rezept (n)	waṣfa (f)	وصفة
Tablette (f)	'orṣ (m)	قرص
Salbe (f)	marham (m)	مرهم
Ampulle (f)	ambūla (f)	أمبولة
Mixtur (f)	dawā' ʃorb (m)	دواء شراب
Sirup (m)	ʃarāb (m)	شراب
Pille (f)	ḥabba (f)	حبّة
Pulver (n)	zorūr (m)	ذرور
Verband (m)	ḍammāda ʃāʃ (f)	ضمادة شاش
Watte (f)	'oṭn (m)	قطن
Jod (n)	yūd (m)	يود
Pflaster (n)	blaster (m)	بلاستر
Pipette (f)	'aṭṭāra (f)	قطّارة
Thermometer (n)	termometr (m)	ترمومتر
Spritze (f)	serennga (f)	سرنّجة
Rollstuhl (m)	korsy motaḥarrek (m)	كرسي متحرك
Krücken (pl)	'okkāz (m)	عكّاز

Betäubungsmittel (n)	mosakken (m)	مسكّن
Abführmittel (n)	molayen (m)	مليّن
Spiritus (m)	etanol (m)	إيثانول
Heilkraut (n)	a'ʃāb ṭebbiya (pl)	أعشاب طبّية
Kräuter- (z.B. Kräutertee)	'oʃby	عشبي

LEBENSRAUM DES MENSCHEN

Stadt

53. Stadt. Leben in der Stadt

Stadt (f)	madīna (f)	مدينة
Hauptstadt (f)	ʿāṣema (f)	عاصمة
Dorf (n)	qarya (f)	قرية
Stadtplan (m)	xarīṭet el madinah (f)	خريطة المدينة
Stadtzentrum (n)	wesṭ el balad (m)	وسط البلد
Vorort (m)	ḍāḥeya (f)	ضاحية
Vorort-	el ḍawāḥy	الضواحي
Stadtrand (m)	aṭrāf el madīna (pl)	أطراف المدينة
Umgebung (f)	ḍawāḥy el madīna (pl)	ضواحي المدينة
Stadtviertel (n)	ḥayī (m)	حي
Wohnblock (m)	ḥayī sakany (m)	حي سكني
Straßenverkehr (m)	ḥaraket el morūr (f)	حركة المرور
Ampel (f)	eʃārāt el morūr (pl)	إشارات المرور
Stadtverkehr (m)	wasāʾel el naʾl (pl)	وسائل النقل
Straßenkreuzung (f)	taqāṭoʿ (m)	تقاطع
Übergang (m)	maʿbar (m)	معبر
Fußgängerunterführung (f)	nafaʾ moʃāh (m)	نفق مشاه
überqueren (vt)	ʿabar	عبر
Fußgänger (m)	māʃy (m)	ماشي
Gehweg (m)	raṣīf (m)	رصيف
Brücke (f)	kobry (m)	كبري
Kai (m)	korneyʃ (m)	كورنيش
Springbrunnen (m)	nafūra (f)	نافورة
Allee (f)	mamʃa (m)	ممشى
Park (m)	ḥadīqa (f)	حديقة
Boulevard (m)	bolvār (m)	بولفار
Platz (m)	medān (m)	ميدان
Avenue (f)	ʃāreʿ (m)	شارع
Straße (f)	ʃāreʿ (m)	شارع
Gasse (f)	zoʾāʾ (m)	زقاق
Sackgasse (f)	ṭarīʾ masdūd (m)	طريق مسدود
Haus (n)	beyt (m)	بيت
Gebäude (n)	mabna (m)	مبنى
Wolkenkratzer (m)	nāṭeḥet sahāb (f)	ناطحة سحاب
Fassade (f)	waɣa (f)	واجهة
Dach (n)	saʾf (m)	سقف

Fenster (n)	ʃebbāk (m)	شبّاك
Bogen (m)	qose (m)	قوس
Säule (f)	ʿamūd (m)	عمود
Ecke (f)	zawya (f)	زاوية
Schaufenster (n)	vatrīna (f)	فترينة
Firmenschild (n)	yafṭa, lāfeta (f)	لافتة, يافطة
Anschlag (m)	boster (m)	بوستر
Werbeposter (m)	boster eʿlān (m)	بوستر إعلان
Werbeschild (n)	lawḥet eʿlanāt (f)	لوحة إعلانات
Müll (m)	zebāla (f)	زبالة
Mülleimer (m)	ṣandū' zebāla (m)	صندوق زبالة
Abfall wegwerfen	rama zebāla	رمى زبالة
Mülldeponie (f)	mazbala (f)	مزبلة
Telefonzelle (f)	koʃk telefōn (m)	كشك تليفون
Straßenlaterne (f)	ʿamūd nūr (m)	عمود نور
Bank (Park-)	korsy (m)	كرسي
Polizist (m)	ʃorṭy (m)	شرطي
Polizei (f)	ʃorṭa (f)	شرطة
Bettler (m)	ʃaḥḥāt (m)	شحّات
Obdachlose (m)	motaʃarred (m)	متشرّد

54. Innerstädtische Einrichtungen

Laden (m)	maḥal (m)	محل
Apotheke (f)	ṣaydaliya (f)	صيدليّة
Optik (f)	maḥal naḍḍārāt (m)	محل نضّارات
Einkaufszentrum (n)	mole (m)	مول
Supermarkt (m)	subermarket (m)	سوبرماركت
Bäckerei (f)	maχbaz (m)	مخبز
Bäcker (m)	χabbāz (m)	خبّاز
Konditorei (f)	ḥalawāny (m)	حلواني
Lebensmittelladen (m)	ba''āla (f)	بقّالة
Metzgerei (f)	gezāra (f)	جزارة
Gemüseladen (m)	dokkān χoḍār (m)	دكّان خضار
Markt (m)	sū' (f)	سوق
Kaffeehaus (n)	'ahwa (f), kaféih (m)	قهوة, كافيه
Restaurant (n)	maṭʿam (m)	مطعم
Bierstube (f)	bār (m)	بار
Pizzeria (f)	maḥal pizza (m)	محل بيتزا
Friseursalon (m)	ṣalone ḥelā'a (m)	صالون حلاقة
Post (f)	maktab el barīd (m)	مكتب البريد
chemische Reinigung (f)	dray klīn (m)	دراي كلين
Fotostudio (n)	estudio taṣwīr (m)	إستوديو تصوير
Schuhgeschäft (n)	maḥal gezam (m)	محل جزم
Buchhandlung (f)	maḥal kotob (m)	محل كتب

Sportgeschäft (n)	maḥal mostalzamāt reyaḍiya (m)	محل مستلزمات رياضية
Kleiderreparatur (f)	maḥal χeyāṭet malābes (m)	محل خياطة ملابس
Bekleidungsverleih (m)	ta'gīr malābes rasmiya (m)	تأجير ملابس رسمية
Videothek (f)	maḥal ta'gīr video (m)	محل تأجير فيديو
Zirkus (m)	serk (m)	سيرك
Zoo (m)	ḥadīqet el ḥayawān (f)	حديقة حيوان
Kino (n)	sinema (f)	سينما
Museum (n)	mat-ḥaf (m)	متحف
Bibliothek (f)	maktaba (f)	مكتبة
Theater (n)	masraḥ (m)	مسرح
Opernhaus (n)	obra (f)	أوبرا
Nachtklub (m)	malha leyly (m)	ملهى ليّلي
Kasino (n)	kazino (m)	كازينو
Moschee (f)	masged (m)	مسجد
Synagoge (f)	kenīs (m)	كنيس
Kathedrale (f)	katedra'iya (f)	كاتدرائية
Tempel (m)	ma'bad (m)	معبد
Kirche (f)	kenīsa (f)	كنيسة
Institut (n)	kolliya (m)	كليّة
Universität (f)	gam'a (f)	جامعة
Schule (f)	madrasa (f)	مدرسة
Präfektur (f)	moqaṭ'a (f)	مقاطعة
Rathaus (n)	baladiya (f)	بلديّة
Hotel (n)	fondo' (m)	فندق
Bank (f)	bank (m)	بنك
Botschaft (f)	safāra (f)	سفارة
Reisebüro (n)	ʃerket seyāḥa (f)	شركة سياحة
Informationsbüro (n)	maktab el este'lāmāt (m)	مكتب الإستعلامات
Wechselstube (f)	ṣarrāfa (f)	صرّافة
U-Bahn (f)	metro (m)	مترو
Krankenhaus (n)	mostaʃfa (m)	مستشفى
Tankstelle (f)	maḥaṭṭet banzīn (f)	محطّة بنزين
Parkplatz (m)	maw'ef el 'arabeyāt (m)	موقف العربيات

55. Schilder

Firmenschild (n)	yafṭa, lāfeta (f)	لافتة ,يافطة
Aufschrift (f)	bayān (m)	بيان
Plakat (n)	boster (m)	بوستر
Wegweiser (m)	'alāmet (f)	علامة إتجاه
Pfeil (m)	'alāmet eʃāra (f)	علامة إشارة
Vorsicht (f)	taḥzīr (m)	تحذير
Warnung (f)	lāfetat taḥzīr (f)	لافتة تحذير
warnen (vt)	ḥazzar	حذّر

freier Tag (m)	yome 'oṭla (m)	يوم عطلة
Fahrplan (m)	gadwal (m)	جدول
Öffnungszeiten (pl)	aw'āt el 'amal (pl)	أوقات العمل
HERZLICH WILLKOMMEN!	ahlan w sahlan!	!أهلاً وسهلا
EINGANG	doχūl	دخول
AUSGANG	χorūg	خروج
DRÜCKEN	edfa'	إدفع
ZIEHEN	es-ḥab	إسحب
GEÖFFNET	maftūḥ	مفتوح
GESCHLOSSEN	moɣlaq	مغلق
DAMEN, FRAUEN	lel sayedāt	للسيدات
HERREN, MÄNNER	lel regāl	للرجال
AUSVERKAUF	χoṣomāt	خصومات
REDUZIERT	taχfeḍāt	تخفيضات
NEU!	gedīd!	!جديد
GRATIS	maggānan	مجّاناً
ACHTUNG!	entebāh!	!إنتباه
ZIMMER BELEGT	koll el amāken maḥgūza	كلّ الأماكن محجوزة
RESERVIERT	maḥgūz	محجوز
VERWALTUNG	edāra	إدارة
NUR FÜR PERSONAL	lel 'amelīn faqaṭ	للعاملين فقط
VORSICHT BISSIGER HUND	eḥzar wogūd kalb	إحذر وجود الكلب
RAUCHEN VERBOTEN!	mamnū' el tadχīn	ممنوع التدخين
BITTE NICHT BERÜHREN	'adam el lams	عدم اللمس
GEFÄHRLICH	χaṭīr	خطير
VORSICHT!	χaṭar	خطر
HOCHSPANNUNG	tayār 'āly	تيّار عالي
BADEN VERBOTEN	el sebāḥa mamnū'a	السباحة ممنوعة
AUßER BETRIEB	mo'aṭṭal	معطّل
LEICHTENTZÜNDLICH	saree' el eʃte'āl	سريع الإشتعال
VERBOTEN	mamnū'	ممنوع
DURCHGANG VERBOTEN	mamnū' el morūr	ممنوع المرور
FRISCH GESTRICHEN	eḥzar ṭelā' ɣayr gāf	احذر طلاء غير جاف

56. Innerstädtischer Transport

Bus (m)	buṣ (m)	باص
Straßenbahn (f)	trām (m)	ترام
Obus (m)	trolly buṣ (m)	ترولي باص
Linie (f)	χaṭṭ (m)	خطّ
Nummer (f)	raqam (m)	رقم
mit … fahren	rāḥ be …	... راح بـ
einsteigen (vi)	rekeb	ركب

aussteigen (aus dem Bus)	nezel men	نزل من
Haltestelle (f)	maw'af (m)	موّقف
nächste Haltestelle (f)	el maḥaṭṭa el gaya (f)	المحطة الجايّة
Endhaltestelle (f)	'āχer maw'af (m)	آخر موقف
Fahrplan (m)	gadwal (m)	جدوّل
warten (vi, vt)	estanna	إستنّى
Fahrkarte (f)	tazkara (f)	تذكرة
Fahrpreis (m)	ogra (f)	أجرة
Kassierer (m)	kaʃier (m)	كاشيير
Fahrkartenkontrolle (f)	taftīʃ el tazāker (m)	تفتيش التذاكر
Fahrkartenkontrolleur (m)	mofatteʃ tazāker (m)	مفتّش تذاكر
sich verspäten	met'akχer	متأخّر
versäumen (Zug usw.)	ta'akχar	تأخّر
sich beeilen	mesta'gel	مستعجل
Taxi (n)	taksi (m)	تاكسي
Taxifahrer (m)	sawwā' taksi (m)	سوّاق تاكسي
mit dem Taxi	bel taksi	بالتاكسي
Taxistand (m)	maw'ef taksi (m)	موّقف تاكسي
ein Taxi rufen	kallem taksi	كلّم تاكسي
ein Taxi nehmen	aχad taksi	أخد تاكسي
Straßenverkehr (m)	ḥaraket el morūr (f)	حركة المرور
Stau (m)	zaḥmet el morūr (f)	زحمة المرور
Hauptverkehrszeit (f)	sā'et el zorwa (f)	ساعة الذروة
parken (vi)	rakan	ركن
parken (vt)	rakan	ركن
Parkplatz (m)	maw'ef el 'arabeyāt (m)	موقف العربيات
U-Bahn (f)	metro (m)	مترو
Station (f)	maḥaṭṭa (f)	محطّة
mit der U-Bahn fahren	aχad el metro	أخد المترو
Zug (m)	qeṭār, 'aṭṭr (m)	قطار
Bahnhof (m)	maḥaṭṭet qeṭār (f)	محطّة قطار

57. Sehenswürdigkeiten

Denkmal (n)	temsāl (m)	تمثال
Festung (f)	'al'a (f)	قلعة
Palast (m)	'aṣr (m)	قصر
Schloss (n)	'al'a (f)	قلعة
Turm (m)	borg (m)	برج
Mausoleum (n)	ḍarīḥ (m)	ضريح
Architektur (f)	handasa me'māriya (f)	هندسة معمارية
mittelalterlich	men el qorūn el wosṭa	من القرون الوسطى
alt (antik)	'atīq	عتيق
national	waṭany	وطني
berühmt	maʃ-hūr	مشهور
Tourist (m)	sā'eḥ (m)	سائح
Fremdenführer (m)	morʃed (m)	مرشد

Ausflug (m)	gawla (f)	جولة
zeigen (vt)	warra	ورّى
erzählen (vt)	'āl	قال
finden (vt)	la'a	لقى
sich verlieren	ḍā'	ضاع
Karte (U-Bahn ~)	χarīṭa (f)	خريطة
Karte (Stadt-)	χarīṭa (f)	خريطة
Souvenir (n)	tezkār (m)	تذكار
Souvenirladen (m)	maḥal hadāya (m)	محل هدايا
fotografieren (vt)	ṣawwar	صوّر
sich fotografieren	etṣawwar	إتصوّر

58. Shopping

kaufen (vt)	eʃtara	إشترى
Einkauf (m)	ḥāga (f)	حاجة
einkaufen gehen	eʃtara	إشترى
Einkaufen (n)	ʃobbing (m)	شوبينج
offen sein (Laden)	maftūḥ	مفتوح
zu sein	moɣlaq	مغلق
Schuhe (pl)	gezam (pl)	جزم
Kleidung (f)	malābes (pl)	ملابس
Kosmetik (f)	mawād tagmīl (pl)	مواد تجميل
Lebensmittel (pl)	akl (m)	أكل
Geschenk (n)	hediya (f)	هديّة
Verkäufer (m)	bayā' (m)	بيّاع
Verkäuferin (f)	bayā'a (f)	بيّاعة
Kasse (f)	ṣandū' el daf' (m)	صندوق الدفع
Spiegel (m)	merāya (f)	مراية
Ladentisch (m)	manḍada (f)	منضدة
Umkleidekabine (f)	ɣorfet el 'eyās (f)	غرفة القياس
anprobieren (vt)	garrab	جرّب
passen (Schuhe, Kleid)	nāseb	ناسب
gefallen (vi)	'agab	عجب
Preis (m)	se'r (m)	سعر
Preisschild (n)	tiket el se'r (m)	تيكت السعر
kosten (vt)	kallef	كلّف
Wie viel?	bekām?	بكام؟
Rabatt (m)	χaṣm (m)	خصم
preiswert	meʃ ɣāly	مش غالي
billig	reχīṣ	رخيص
teuer	ɣāly	غالي
Das ist teuer	da ɣāly	ده غالي
Verleih (m)	este'gār (m)	إستئجار
leihen, mieten (ein Auto usw.)	est'gar	إستأجر

Kredit (m), Darlehen (n)	e'temān (m)	إئتمان
auf Kredit	bel ta'seeṭ	بالتقسيط

59. Geld

Geld (n)	folūs (pl)	فلوس
Austausch (m)	taḥwīl ʿomla (m)	تحويل عملة
Kurs (m)	seʿr el ṣarf (m)	سعر الصرف
Geldautomat (m)	makinet ṣarrāf 'āly (f)	ماكينة صرّاف آلي
Münze (f)	'erʃ (m)	قرش
Dollar (m)	dolār (m)	دولار
Euro (m)	yoro (m)	يورو
Lira (f)	lira (f)	ليرة
Mark (f)	el mark el almāny (m)	المارك الألماني
Franken (m)	frank (m)	فرنك
Pfund Sterling (n)	geneyh esterlīny (m)	جنيه استرليني
Yen (m)	yen (m)	ين
Schulden (pl)	deyn (m)	دين
Schuldner (m)	modīn (m)	مدين
leihen (vt)	sallef	سلّف
leihen, borgen (Geld usw.)	estalaf	إستلف
Bank (f)	bank (m)	بنك
Konto (n)	ḥesāb (m)	حساب
einzahlen (vt)	awdaʿ	أودع
auf ein Konto einzahlen	awdaʿ fel ḥesāb	أودع في الحساب
abheben (vt)	saḥab men el ḥesāb	سحب من الحساب
Kreditkarte (f)	kredit kard (f)	كريدت كارد
Bargeld (n)	kæʃ (m)	كاش
Scheck (m)	ʃīk (m)	شيك
einen Scheck schreiben	katab ʃīk	كتب شيك
Scheckbuch (n)	daftar ʃikāt (m)	دفتر شيكات
Geldtasche (f)	maḥfaẓa (f)	محفظة
Geldbeutel (m)	maḥfazet fakka (f)	محفظة فكّة
Safe (m)	χazzāna (f)	خزّانة
Erbe (m)	wāres (m)	وارث
Erbschaft (f)	werāsa (f)	وراثة
Vermögen (n)	sarwa (f)	ثروة
Pacht (f)	ʿa'd el egār (m)	عقد الإيجار
Miete (f)	ogret el sakan (f)	أجرة السكن
mieten (vt)	est'gar	إستأجر
Preis (m)	seʿr (m)	سعر
Kosten (pl)	taman (m)	ثمن
Summe (f)	mablaɣ (m)	مبلغ
ausgeben (vt)	ṣaraf	صرف
Ausgaben (pl)	maṣarīf (pl)	مصاريف

sparen (vt)	waffar	وفّر
sparsam	mowaffer	موّفر
zahlen (vt)	dafa'	دفع
Lohn (m)	daf' (m)	دفع
Wechselgeld (n)	el bā'y (m)	الباقي
Steuer (f)	ḍarība (f)	ضريبة
Geldstrafe (f)	ɣarāma (f)	غرامة
bestrafen (vt)	faraḍ ɣarāma	فرض غرامة

60. Post. Postdienst

Post (Postamt)	maktab el barīd (m)	مكتب البريد
Post (Postsendungen)	el barīd (m)	البريد
Briefträger (m)	sā'y el barīd (m)	ساعي البريد
Öffnungszeiten (pl)	aw'āt el 'amal (pl)	أوقات العمل
Brief (m)	resāla (f)	رسالة
Einschreibebrief (m)	resāla mosaggala (f)	رسالة مسجّلة
Postkarte (f)	kart barīdy (m)	كرت بريدي
Telegramm (n)	barqiya (f)	برقيّة
Postpaket (n)	ṭard (m)	طرد
Geldanweisung (f)	ḥewāla māliya (f)	حوالة مالية
bekommen (vt)	estalam	إستلم
abschicken (vt)	arsal	أرسل
Absendung (f)	ersāl (m)	إرسال
Postanschrift (f)	'enwān (m)	عنوان
Postleitzahl (f)	raqam el barīd (m)	رقم البريد
Absender (m)	morsel (m)	مرسل
Empfänger (m)	morsel elayh (m)	مرسل إليه
Vorname (m)	esm (m)	اسم
Nachname (m)	esm el 'a'ela (m)	اسم العائلة
Tarif (m)	ta'rīfa (f)	تعريفة
Standard- (Tarif)	'ādy	عادي
Spar- (-tarif)	mowaffer	موّفر
Gewicht (n)	wazn (m)	وزن
abwiegen (vt)	wazan	وزن
Briefumschlag (m)	ẓarf (m)	ظرف
Briefmarke (f)	ṭābe' (m)	طابع
Briefmarke aufkleben	alṣaq ṭābe'	ألصق طابع

Wohnung. Haus. Zuhause

61. Haus. Elektrizität

Elektrizität (f)	kahraba' (m)	كهرباء
Glühbirne (f)	lammba (f)	لمّبة
Schalter (m)	meftāḥ (m)	مفتاح
Sicherung (f)	fuse (m)	فيوز
Draht (m)	selk (m)	سلك
Leitung (f)	aslāk (pl)	أسلاك
Stromzähler (m)	'addād (m)	عدّاد
Zählerstand (m)	qerā'a (f)	قراءة

62. Villa. Schloss

Landhaus (n)	villa rīfiya (f)	فيلا ريفيّة
Villa (f)	villa (f)	فيلا
Flügel (m)	genāḥ (m)	جناح
Garten (m)	geneyna (f)	جنينة
Park (m)	ḥadīqa (f)	حديقة
Orangerie (f)	dafī'a (f)	دفيئة
pflegen (Garten usw.)	ehtamm	إهتمّ
Schwimmbad (n)	ḥammām sebāḥa (m)	حمّام سباحة
Kraftraum (m)	gīm (m)	جيم
Tennisplatz (m)	mal'ab tennis (m)	ملعب تنسّ
Heimkinoraum (m)	sinema manzeliya (f)	سينما منزليّة
Garage (f)	garāʒ (m)	جراج
Privateigentum (n)	melkiya χāṣa (f)	ملكيّة خاصّة
Privatgrundstück (n)	arḍ χāṣa (m)	أرض خاصّة
Warnung (f)	taḥzīr (m)	تحذير
Warnschild (n)	lāfetat taḥzīr (f)	لافتة تحذير
Bewachung (f)	ḥerāsa (f)	حراسة
Wächter (m)	ḥāres amn (m)	حارس أمن
Alarmanlage (f)	gehāz enzār (m)	جهاز إنذار

63. Wohnung

Wohnung (f)	ʃa''a (f)	شقّة
Zimmer (n)	oḍa (f)	أوضة
Schlafzimmer (n)	oḍet el nome (f)	أوضة النوم

Esszimmer (n)	oḍet el sofra (f)	أوضة السفرة
Wohnzimmer (n)	oḍet el esteqbāl (f)	أوضة الإستقبال
Arbeitszimmer (n)	maktab (m)	مكتب
Vorzimmer (n)	madχal (m)	مدخل
Badezimmer (n)	ḥammām (m)	حمّام
Toilette (f)	ḥammām (m)	حمّام
Decke (f)	sa'f (m)	سقف
Fußboden (m)	arḍiya (f)	أرضية
Ecke (f)	zawya (f)	زاوية

64. Möbel. Innenausstattung

Möbel (n)	asās (m)	أثاث
Tisch (m)	maktab (m)	مكتب
Stuhl (m)	korsy (m)	كرسي
Bett (n)	serīr (m)	سرير
Sofa (n)	kanaba (f)	كنبة
Sessel (m)	korsy (m)	كرسي
Bücherschrank (m)	χazzānet kotob (f)	خزّانة كتب
Regal (n)	raff (m)	رفّ
Schrank (m)	dolāb (m)	دولاب
Hakenleiste (f)	ʃammā'a (f)	شمّاعة
Kleiderständer (m)	ʃammā'a (f)	شمّاعة
Kommode (f)	dolāb adrāg (m)	دولاب أدراج
Couchtisch (m)	ṭarabeyzet el 'ahwa (f)	طرابيزة القهوة
Spiegel (m)	merāya (f)	مراية
Teppich (m)	seggāda (f)	سجّادة
Matte (kleiner Teppich)	seggāda (f)	سجّادة
Kamin (m)	daffāya (f)	دفّاية
Kerze (f)	ʃam'a (f)	شمعة
Kerzenleuchter (m)	ʃam'adān (m)	شمعدان
Vorhänge (pl)	satā'er (pl)	ستائر
Tapete (f)	wara' ḥā'eṭ (m)	ورق حائط
Jalousie (f)	satā'er ofoqiya (pl)	ستائر أفقيّة
Tischlampe (f)	abāʒūr (f)	اباجورة
Leuchte (f)	lammbet ḥā'eṭ (f)	لمّبة حائط
Stehlampe (f)	meṣbāḥ arḍy (m)	مصباح أرضي
Kronleuchter (m)	nagafa (f)	نجفة
Bein (Tischbein usw.)	regl (f)	رجل
Armlehne (f)	masnad (m)	مسند
Lehne (f)	masnad (m)	مسند
Schublade (f)	dorg (m)	درج

65. Bettwäsche

Bettwäsche (f)	bayāḍāt el serīr (pl)	بياضات السرير
Kissen (n)	maχadda (f)	مخدّة
Kissenbezug (m)	kīs el maχadda (m)	كيس المخدّة
Bettdecke (f)	leḥāf (m)	لحاف
Laken (n)	melāya (f)	ملاية
Tagesdecke (f)	ɣaṭā' el serīr (m)	غطاء السرير

66. Küche

Küche (f)	maṭbaχ (m)	مطبخ
Gas (n)	ɣāz (m)	غاز
Gasherd (m)	botoɣāz (m)	بوتوغاز
Elektroherd (m)	forn kaharabā'y (m)	فرن كهربائي
Backofen (m)	forn (m)	فرن
Mikrowellenherd (m)	mikroweyv (m)	ميكروويف
Kühlschrank (m)	tallāga (f)	ثلاجة
Tiefkühltruhe (f)	freyzer (m)	فريزر
Geschirrspülmaschine (f)	ɣassālet aṭbā' (f)	غسّالة أطباق
Fleischwolf (m)	farrāmet laḥm (f)	فرّامة لحم
Saftpresse (f)	'aṣṣāra (f)	عصّارة
Toaster (m)	maḥmaṣet χobz (f)	محمصة خبز
Mixer (m)	χallāṭ (m)	خلّاط
Kaffeemaschine (f)	makinet ṣon' el 'ahwa (f)	ماكينة صنع القهوة
Kaffeekanne (f)	ɣallāya kahraba'iya (f)	غلّاية القهوة
Kaffeemühle (f)	maṭ-ḥanet 'ahwa (f)	مطحنة قهوة
Wasserkessel (m)	ɣallāya (f)	غلّاية
Teekanne (f)	barrād el ʃāy (m)	برّاد الشاي
Deckel (m)	ɣaṭā' (m)	غطاء
Teesieb (n)	maṣfāh el ʃāy (f)	مصفاة الشاي
Löffel (m)	ma'la'a (f)	معلقة
Teelöffel (m)	ma'la'et ʃāy (f)	معلقة شاي
Esslöffel (m)	ma'la'a kebīra (f)	ملعقة كبيرة
Gabel (f)	ʃawka (f)	شوكة
Messer (n)	sekkīna (f)	سكّينة
Geschirr (n)	awāny (pl)	أواني
Teller (m)	ṭaba' (m)	طبق
Untertasse (f)	ṭaba' fengān (m)	طبق فنجان
Schnapsglas (n)	kāsa (f)	كاسة
Glas (n)	kobbāya (f)	كوبّاية
Tasse (f)	fengān (m)	فنجان
Zuckerdose (f)	sokkariya (f)	سكّريّة
Salzstreuer (m)	mamlaḥa (f)	مملحة
Pfefferstreuer (m)	mobhera (f)	مبهرة

Butterdose (f)	ṭaba' zebda (m)	طبق زبدة
Kochtopf (m)	ḥalla (f)	حلّة
Pfanne (f)	ṭāsa (f)	طاسة
Schöpflöffel (m)	maɣrafa (f)	مغرفة
Durchschlag (m)	maṣfāh (f)	مصفاه
Tablett (n)	ṣeniya (f)	صينيّة
Flasche (f)	ezāza (f)	إزازة
Glas (Einmachglas)	barṭamān (m)	برطمان
Dose (f)	kanz (m)	كانز
Flaschenöffner (m)	fattāḥa (f)	فتّاحة
Dosenöffner (m)	fattāḥa (f)	فتّاحة
Korkenzieher (m)	barrīma (f)	بريّمة
Filter (n)	filter (m)	فلتر
filtern (vt)	ṣaffa	صفّى
Müll (m)	zebāla (f)	زبالة
Mülleimer, Treteimer (m)	ṣandū' el zebāla (m)	صندوق الزبالة

67. Bad

Badezimmer (n)	ḥammām (m)	حمّام
Wasser (n)	meyāh (f)	مياه
Wasserhahn (m)	ḥanafiya (f)	حنفيّة
Warmwasser (n)	maya soχna (f)	مايّة سخنة
Kaltwasser (n)	maya barda (f)	مايّة باردة
Zahnpasta (f)	ma'gūn asnān (m)	معجون أسنان
Zähne putzen	naḍḍaf el asnān	نظّف الأسنان
Zahnbürste (f)	forʃet senān (f)	فرشة أسنان
sich rasieren	ḥala'	حلق
Rasierschaum (m)	raɣwa lel ḥelā'a (f)	رغوة للحلاقة
Rasierer (m)	mūs (m)	موس
waschen (vt)	ɣasal	غسل
sich waschen	estaḥamma	إستحمّى
Dusche (f)	doʃ (m)	دوش
sich duschen	aχad doʃ	أخد دوش
Badewanne (f)	banyo (m)	بانيو
Klosettbecken (n)	twalet (m)	تواليت
Waschbecken (n)	ḥoḍe (m)	حوض
Seife (f)	ṣabūn (m)	صابون
Seifenschale (f)	ṣabbāna (f)	صبّانة
Schwamm (m)	līfa (f)	ليفة
Shampoo (n)	ʃambū (m)	شامبو
Handtuch (n)	fūṭa (f)	فوطة
Bademantel (m)	robe el ḥammām (m)	روب حمّام
Wäsche (f)	ɣasīl (m)	غسيل
Waschmaschine (f)	ɣassāla (f)	غسّالة

waschen (vt)	ɣasal el malābes	غسل الملابس
Waschpulver (n)	mas-ḥū' ɣasīl (m)	مسحوق غسيل

68. Haushaltsgeräte

Fernseher (m)	televizion (m)	تليفزيون
Tonbandgerät (n)	gehāz tasgīl (m)	جهاز تسجيل
Videorekorder (m)	'āla tasgīl video (f)	آلة تسجيل فيديو
Empfänger (m)	gehāz radio (m)	جهاز راديو
Player (m)	blayer (m)	بليير
Videoprojektor (m)	gehāz 'arḍ (m)	جهاز عرض
Heimkino (n)	sinema manzeliya (f)	سينما منزليّة
DVD-Player (m)	dividī blayer (m)	دي في دي بليير
Verstärker (m)	mokabbaer el ṣote (m)	مكبّر الصوت
Spielkonsole (f)	'ātāry (m)	أتاري
Videokamera (f)	kamera video (f)	كاميرا فيديو
Kamera (f)	kamera (f)	كاميرا
Digitalkamera (f)	kamera diʒital (f)	كاميرا ديجيتال
Staubsauger (m)	maknasa kahraba'iya (f)	مكنسة كهربائيّة
Bügeleisen (n)	makwa (f)	مكواة
Bügelbrett (n)	lawḥet kayī (f)	لوحة كيّ
Telefon (n)	telefon (m)	تليفون
Mobiltelefon (n)	mobile (m)	موبايل
Schreibmaschine (f)	'āla katba (f)	آلة كاتبة
Nähmaschine (f)	makanet el χeyāṭa (f)	مكنة الخياطة
Mikrophon (n)	mikrofon (m)	ميكروفون
Kopfhörer (m)	samma'āt ra'siya (pl)	سمّاعات رأسية
Fernbedienung (f)	remowt kontrol (m)	ريموت كنترول
CD (f)	sidī (m)	سي دي
Kassette (f)	kasett (m)	كاسيت
Schallplatte (f)	esṭewāna mūsīqa (f)	أسطوانة موسيقى

AKTIVITÄTEN DES MENSCHEN

Beruf. Geschäft. Teil 1

69. Büro. Arbeiten im Büro

Büro (Firmensitz)	maktab (m)	مكتب
Büro (~ des Direktors)	maktab (m)	مكتب
Rezeption (f)	este'bāl (m)	إستقبال
Sekretär (m)	sekerteyr (m)	سكرتير
Direktor (m)	modīr (m)	مدير
Manager (m)	modīr (m)	مدير
Buchhalter (m)	muḥāseb (m)	محاسب
Mitarbeiter (m)	mowazzaf (m)	موظّف
Möbel (n)	asās (m)	أثاث
Tisch (m)	maktab (m)	مكتب
Schreibtischstuhl (m)	korsy (m)	كرسي
Rollcontainer (m)	weḥdet adrāg (f)	وحدة أدراج
Kleiderständer (m)	ʃammā'a (f)	شمّاعة
Computer (m)	kombuter (m)	كمبيوتر
Drucker (m)	ṭābe'a (f)	طابعة
Fax (n)	faks (m)	فاكس
Kopierer (m)	'ālet nasχ (f)	آلة نسخ
Papier (n)	wara' (m)	ورق
Büromaterial (n)	adawāt maktabiya (pl)	أدوات مكتبية
Mousepad (n)	maws bād (m)	ماوس باد
Blatt (n) Papier	wara'a (f)	ورقة
Ordner (m)	malaff (m)	ملفّ
Katalog (m)	fehras (m)	فهرس
Adressbuch (n)	dalīl el telefone (m)	دليل التليفون
Dokumentation (f)	wasā'eq (pl)	وثائق
Broschüre (f)	naʃra (f)	نشرة
Flugblatt (n)	manʃūr (m)	منشور
Muster (n)	namūzag (m)	نموذج
Training (n)	egtemā' tadrīb (m)	إجتماع تدريب
Meeting (n)	egtemā' (m)	إجتماع
Mittagspause (f)	fatret el ɣada' (f)	فترة الغذاء
eine Kopie machen	ṣawwar	صوّر
vervielfältigen (vt)	ṣawwar	صوّر
ein Fax bekommen	estalam faks	إستلم فاكس
ein Fax senden	ba'at faks	بعت فاكس
anrufen (vt)	ettaṣal	إتّصل

antworten (vi)	gāwab	جاوب
verbinden (vt)	waṣṣal	وصّل
ausmachen (vt)	ḥadded	حدّد
demonstrieren (vt)	ʿaraḍ	عرض
fehlen (am Arbeitsplatz ~)	ɣāb	غاب
Abwesenheit (f)	ɣeyāb (m)	غياب

70. Geschäftsabläufe. Teil 1

Angelegenheit (f)	ʃoɣl (m)	شغل
Firma (f)	ʃerka (f)	شركة
Gesellschaft (f)	ʃerka (f)	شركة
Konzern (m)	mo'assasa tegariya (f)	مؤسسة تجارية
Unternehmen (n)	ʃerka (f)	شركة
Agentur (f)	wekāla (f)	وكالة
Vereinbarung (f)	ettefaqiya (f)	إتّفاقية
Vertrag (m)	ʻa'd (m)	عقد
Geschäft (Transaktion)	ṣafqa (f)	صفقة
Auftrag (Bestellung)	ṭalab (m)	طلب
Bedingung (f)	ʃorūṭ (pl)	شروط
en gros (im Großen)	bel gomla	بالجملة
Großhandels-	el gomla	الجملة
Großhandel (m)	beyʿ bel gomla (m)	بيع بالجملة
Einzelhandels-	yebeeʿ bel tagzeʾa	يبيع بالتجزئة
Einzelhandel (m)	maḥal yebeeʿ bel tagzeʾa (m)	محل يبيع بالتجزئة
Konkurrent (m)	monāfes (m)	منافس
Konkurrenz (f)	monafsa (f)	منافسة
konkurrieren (vi)	nāfes	نافس
Partner (m)	ʃerīk (m)	شريك
Partnerschaft (f)	ʃarāka (f)	شراكة
Krise (f)	azma (f)	أزمة
Bankrott (m)	eflās (m)	إفلاس
Bankrott machen	falles	فلّس
Schwierigkeit (f)	ṣoʿūba (f)	صعوبة
Problem (n)	moʃkela (f)	مشكلة
Katastrophe (f)	karsa (f)	كارثة
Wirtschaft (f)	eqtiṣād (m)	إقتصاد
wirtschaftlich	eqteṣādy	إقتصادي
Rezession (f)	rokūd eqteṣādy (m)	ركود إقتصادي
Ziel (n)	hadaf (m)	هدف
Aufgabe (f)	mohemma (f)	مهمّة
handeln (Handel treiben)	tāger	تاجر
Netz (Verkaufs-)	ʃabaka (f)	شبكة
Lager (n)	el maχzūn (m)	المخزون
Sortiment (n)	taʃkīla (f)	تشكيلة

führende Unternehmen (n)	qā'ed (m)	قائد
groß (-e Firma)	kebīr	كبير
Monopol (n)	eḥtekār (m)	إحتكار
Theorie (f)	naẓariya (f)	نظريّة
Praxis (f)	momarsa (f)	ممارسة
Erfahrung (f)	χebra (f)	خبرة
Tendenz (f)	ettegāh (m)	إتّجاه
Entwicklung (f)	tanmeya (f)	تنمية

71. Geschäftsabläufe. Teil 2

Vorteil (m)	rebḥ (m)	ربح
vorteilhaft	morbeḥ	مربح
Delegation (f)	wafd (m)	وفد
Lohn (m)	morattab (m)	مرتّب
korrigieren (vt)	ṣaḥḥaḥ	صحّح
Dienstreise (f)	reḥlet ʿamal (f)	رحلة عمل
Kommission (f)	lagna (f)	لجنة
kontrollieren (vt)	et-ḥakkem	إتحكّم
Konferenz (f)	mo'tamar (m)	مؤتمر
Lizenz (f)	roχṣa (f)	رخصة
zuverlässig	mawsūq	موثوق
Initiative (f)	mobadra (f)	مبادرة
Norm (f)	meʿyār (m)	معيار
Umstand (m)	ẓarf (m)	ظرف
Pflicht (f)	wāgeb (m)	واجب
Unternehmen (n)	monaẓẓama (f)	منظّمة
Organisation (Prozess)	tanẓīm (m)	تنظيم
organisiert (Adj)	monaẓẓam	منظّم
Abschaffung (f)	elɣā' (m)	إلغاء
abschaffen (vt)	alɣa	ألغى
Bericht (m)	ta'rīr (m)	تقرير
Patent (n)	bara'et el eχterāʿ (f)	براءة الإختراع
patentieren (vt)	saggel barā'et eχterāʿ	سجّل براءة الإختراع
planen (vt)	χaṭṭeṭ	خطّط
Prämie (f)	ʿalāwa (f)	علاوة
professionell	mehany	مهني
Prozedur (f)	egrā' (m)	إجراء
prüfen (Vertrag ~)	baḥs fi	بحث في
Berechnung (f)	ḥesāb (m)	حساب
Ruf (m)	somʿa (f)	سمعة
Risiko (n)	moχaṭra (f)	مخاطرة
leiten (vt)	adār	أدار
Informationen (pl)	maʿlumāt (pl)	معلومات
Eigentum (n)	melkiya (f)	ملكيّة

Bund (m)	etteḥād (m)	إتّحاد
Lebensversicherung (f)	ta'mīn 'alal ḥayah (m)	تأمين على الحياة
versichern (vt)	ammen	أمّن
Versicherung (f)	ta'mīn (m)	تأمين
Auktion (f)	mazād (m)	مزاد
benachrichtigen (vt)	ballaɣ	بلّغ
Verwaltung (f)	edāra (f)	إدارة
Dienst (m)	χadma (f)	خدمة
Forum (n)	nadwa (f)	ندوة
funktionieren (vi)	adda waẓīfa	أدّى وظيفة
Etappe (f)	marḥala (f)	مرحلة
juristisch	qanūniya	قانونية
Jurist (m)	muḥāmy (m)	محامي

72. Fertigung. Arbeiten

Werk (n)	maṣna' (m)	مصنع
Fabrik (f)	maṣna' (m)	مصنع
Werkstatt (f)	warʃa (f)	ورشة
Betrieb (m)	maṣna' (m)	مصنع
Industrie (f)	ṣenā'a (f)	صناعة
Industrie-	ṣenā'y	صناعي
Schwerindustrie (f)	ṣenā'a te'īla (f)	صناعة ثقيلة
Leichtindustrie (f)	ṣenā'a χafīfa (f)	صناعة خفيفة
Produktion (f)	montagāt (pl)	منتجات
produzieren (vt)	antag	أنتج
Rohstoff (m)	mawād χām (pl)	مواد خام
Vorarbeiter (m), Meister (m)	ra'īs el 'ommāl (m)	رئيس العمّال
Arbeitsteam (n)	farī' el 'ommāl (m)	فريق العمّال
Arbeiter (m)	'āmel (m)	عامل
Arbeitstag (m)	yome 'amal (m)	يوم عمل
Pause (f)	rāḥa (f)	راحة
Versammlung (f)	egtemā' (m)	إجتماع
besprechen (vt)	nā'eʃ	ناقش
Plan (m)	χeṭṭa (f)	خطّة
den Plan erfüllen	naffez el χeṭṭa	نفّذ الخطّة
Arbeitsertrag (m)	mo'addal el entāg (m)	معدّل الإنتاج
Qualität (f)	gawda (f)	جوّدة
Prüfung, Kontrolle (f)	taftīʃ (m)	تفتيش
Gütekontrolle (f)	ḍabṭ el gawda (m)	ضبط الجودة
Arbeitsplatzsicherheit (f)	salāmet makān el 'amal (f)	سلامة مكان العمل
Disziplin (f)	enḍebāṭ (m)	إنضباط
Übertretung (f)	moχalfa (f)	مخالفة
übertreten (vt)	χālef	خالف
Streik (m)	eḍrāb (m)	إضراب
Streikender (m)	moḍrab (m)	مضرب

streiken (vi)	aḍrab	أضرب
Gewerkschaft (f)	etteḥād el ʻomāl (m)	إتّحاد العمال
erfinden (vt)	eχtaraʻ	إخترع
Erfindung (f)	eχterāʻ (m)	إختراع
Erforschung (f)	baḥs (m)	بحث
verbessern (vt)	ḥassen	حسّن
Technologie (f)	teknoloʒia (f)	تكنولوجيا
technische Zeichnung (f)	rasm teqany (m)	رسم تقني
Ladung (f)	ʃaḥn (m)	شحن
Ladearbeiter (m)	ʃayāl (m)	شيّال
laden (vt)	ʃaḥn	شحن
Beladung (f)	taḥmīl (m)	تحميل
entladen (vt)	farraɣ	فرّغ
Entladung (f)	tafrīɣ (m)	تفريغ
Transport (m)	wasā'el el na'l (pl)	وسائل النقل
Transportunternehmen (n)	ʃerket na'l (f)	شركة نقل
transportieren (vt)	na'al	نقل
Güterwagen (m)	ʻarabet ʃaḥn (f)	عربة شحن
Zisterne (f)	χazzān (m)	خزّان
Lastkraftwagen (m)	ʃāḥena (f)	شاحنة
Werkzeugmaschine (f)	makana (f)	مكنة
Mechanismus (m)	'āliya (f)	آليّة
Industrieabfälle (pl)	moχallafāt ṣenaʻiya (pl)	مخلفات صناعية
Verpacken (n)	ta'be'a (f)	تعبئة
verpacken (vt)	ʻabba	عبّأ

73. Vertrag. Zustimmung

Vertrag (m), Auftrag (m)	ʻa'd (m)	عقد
Vereinbarung (f)	ettefā' (m)	إتّفاق
Anhang (m)	molḥa' (m)	ملحق
einen Vertrag abschließen	waqqaʻ ʻala ʻa'd	وقّع على عقد
Unterschrift (f)	tawqeeʻ (m)	توقيع
unterschreiben (vt)	waqqaʻ	وقّع
Stempel (m)	χetm (m)	ختم
Vertragsgegenstand (m)	mawḍūʻ el ʻa'd (m)	موضوع العقد
Punkt (m)	band (m)	بند
Parteien (pl)	aṭrāf (pl)	أطراف
rechtmäßige Anschrift (f)	ʻenwān qanūny (m)	عنوان قانوني
Vertrag brechen	χālef el ʻa'd	خالف العقد
Verpflichtung (f)	eltezām (m)	إلتزام
Verantwortlichkeit (f)	mas'oliya (f)	مسؤوليّة
Force majeure (f)	'owwa qāhera (m)	قوّة قاهرة
Streit (m)	χelāf (m)	خلاف
Strafsanktionen (pl)	ʻoqobāt (pl)	عقوبات

74. Import & Export

Import (m)	esterād (m)	إستيراد
Importeur (m)	mostawred (m)	مستوّرد
importieren (vt)	estawrad	إستوّرد
Import-	wāred	وارد
Export (m)	taṣdīr (m)	تصدير
Exporteur (m)	moṣadder (m)	مصدّر
exportieren (vt)	ṣaddar	صدّر
Export-	sādir	صادر
Waren (pl)	baḍā'e' (pl)	بضائع
Partie (f), Ladung (f)	ʃoḥna (f)	شحنة
Gewicht (n)	wazn (m)	وزن
Volumen (n)	ḥagm (m)	حجم
Kubikmeter (m)	metr moka''ab (m)	متر مكعّب
Hersteller (m)	el ʃerka el moṣanne'a (f)	الشركة المصنّعة
Transportunternehmen (n)	ʃerket na'l (f)	شركة نقل
Container (m)	ḥāweya (f)	حاوية
Grenze (f)	ḥadd (m)	حدّ
Zollamt (n)	gamārek (pl)	جمارك
Zoll (m)	rasm gomroky (m)	رسم جمركي
Zollbeamter (m)	mowazzaf el gamārek (m)	موظّف الجمارك
Schmuggel (m)	tahrīb (m)	تهريب
Schmuggelware (f)	beḍā'a moharraba (pl)	بضاعة مهربة

75. Finanzen

Aktie (f)	sahm (m)	سهم
Obligation (f)	sanad (m)	سند
Wechsel (m)	kembyāla (f)	كمبيالة
Börse (f)	borṣa (f)	بورصة
Aktienkurs (m)	se'r el sahm (m)	سعر السهم
billiger werden	reχeṣ	رخص
teuer werden	ʃely	غلي
Anteil (m)	naṣīb (m)	نصيب
Mehrheitsbeteiligung (f)	el magmū'a el mosayṭara (f)	المجموعة المسيطرة
Investitionen (pl)	estesmār (pl)	إستثمار
investieren (vt)	estasmar	إستثمر
Prozent (n)	bel me'a - bel miya	بالمئة
Zinsen (pl)	fayda (f)	فائدة
Gewinn (m)	rebḥ (m)	ربح
gewinnbringend	morbeḥ	مربح
Steuer (f)	ḍarība (f)	ضريبة
Währung (f)	'omla (f)	عملة

Landes-	waṭany	وطني
Geldumtausch (m)	taḥwīl (m)	تحويل
Buchhalter (m)	muḥāseb (m)	محاسب
Buchhaltung (f)	maḥasba (f)	محاسبة
Bankrott (m)	eflās (m)	إفلاس
Zusammenbruch (m)	enheyār (m)	إنهيار
Pleite (f)	eflās (m)	إفلاس
pleite gehen	falles	فلّس
Inflation (f)	taḍakχom māly (m)	تضخّم مالي
Abwertung (f)	taχfīḍ qīmet ʻomla (m)	تخفيض قيمة عملة
Kapital (n)	ra'ʼs māl (m)	رأس مال
Einkommen (n)	daχl (m)	دخل
Umsatz (m)	dawret ra'ʼs el māl (f)	دورة رأس المال
Mittel (Reserven)	mawāred (pl)	موارد
Geldmittel (pl)	el mawāred el naqdiya (pl)	الموارد النقديّة
Gemeinkosten (pl)	nafa'āt ʻāmma (pl)	نفقات عامّة
reduzieren (vt)	χaffaḍ	خفّض

76. Marketing

Marketing (n)	taswīʼ (m)	تسويق
Markt (m)	sūʼ (f)	سوق
Marktsegment (n)	qaṭāʻ el sūʼ (m)	قطاع السوق
Produkt (n)	montag (m)	منتج
Waren (pl)	baḍāʼeʻ (pl)	بضائع
Schutzmarke (f)	mārka (f)	ماركة
Handelsmarke (f)	marka tegāriya (f)	ماركة تجاريّة
Firmenzeichen (n)	ʃeʻār (m)	شعار
Logo (n)	ʃeʻār (m)	شعار
Nachfrage (f)	ṭalab (m)	طلب
Angebot (n)	mUʻİddāt (pl)	معدّات
Bedürfnis (n)	ḥāga (f)	حاجة
Verbraucher (m)	mostahlek (m)	مستهلك
Analyse (f)	taḥlīl (m)	تحليل
analysieren (vt)	ḥallel	حلّل
Positionierung (f)	waḍʻ (m)	وضع
positionieren (vt)	waḍaʻ	وضع
Preis (m)	seʻr (m)	سعر
Preispolitik (f)	seyāset el asʻār (f)	سياسة الأسعار
Preisbildung (f)	taʃkīl el asʻār (m)	تشكيل الأسعار

77. Werbung

Werbung (f)	eʻlān (m)	إعلان
werben (vt)	aʻlan	أعلن

Budget (n)	mezaniya (f)	ميزانية
Werbeanzeige (f)	eʿlān (m)	إعلان
Fernsehwerbung (f)	eʿlān fel televiziōn (m)	إعلان في التليفزيون
Radiowerbung (f)	eʿlān fel radio (m)	إعلان في الراديو
Außenwerbung (f)	eʿlān zahery (m)	إعلان ظاهري
Massenmedien (pl)	wasā'el el eʿlām (pl)	وسائل الإعلام
Zeitschrift (f)	magalla dawriya (f)	مجلّة دوريّة
Image (n)	imyʒ (m)	إيميج
Losung (f)	ʃeʿār (m)	شعار
Motto (n)	ʃeʿār (m)	شعار
Kampagne (f)	ḥamla (f)	حملة
Werbekampagne (f)	ḥamla eʿlaniya (f)	حملة إعلانيّة
Zielgruppe (f)	magmūʿa mostahdafa (f)	مجموعة مستهدفة
Visitenkarte (f)	kart el ʿamal (m)	كارت العمل
Flugblatt (n)	manʃūr (m)	منشور
Broschüre (f)	naʃra (f)	نشرة
Faltblatt (n)	kotayeb (m)	كتيّب
Informationsblatt (n)	naʃra eχbariya (f)	نشرة إخبارية
Firmenschild (n)	yafṭa, lāfeta (f)	لافتة, يافطة
Plakat (n)	boster (m)	بوستر
Werbeschild (n)	lawḥet eʿlanāt (f)	لوحة إعلانات

78. Bankgeschäft

Bank (f)	bank (m)	بنك
Filiale (f)	farʿ (m)	فرع
Berater (m)	mowazzaf bank (m)	موظّف بنك
Leiter (m)	modīr (m)	مدير
Konto (n)	ḥesāb bank (m)	حساب بنك
Kontonummer (f)	raqam el ḥesāb (m)	رقم الحساب
Kontokorrent (n)	ḥesāb gāry (m)	حساب جاري
Sparkonto (n)	ḥesāb tawfīr (m)	حساب توّفير
ein Konto eröffnen	fataḥ ḥesāb	فتح حساب
das Konto schließen	'afal ḥesāb	قفل حساب
einzahlen (vt)	awdaʿ fel ḥesāb	أودع في الحساب
abheben (vt)	saḥab men el ḥesāb	سحب من الحساب
Einzahlung (f)	wadeeʿa (f)	وديعة
eine Einzahlung machen	awdaʿ	أودع
Überweisung (f)	ḥewāla maṣrefiya (f)	حوالة مصرفيّة
überweisen (vt)	ḥawwel	حوّل
Summe (f)	mablaɣ (m)	مبلغ
Wieviel?	kām?	كام؟
Unterschrift (f)	tawqeeʿ (m)	توقيع
unterschreiben (vt)	waqqaʿ	وقّع

Kreditkarte (f)	kredit kard (f)	كريدت كارد
Code (m)	kōd (m)	كود
Kreditkartennummer (f)	raqam el kredit kard (m)	رقم الكريدت كارد
Geldautomat (m)	makinet ṣarrāf 'āly (f)	ماكينة صرّاف آلي
Scheck (m)	ʃīk (m)	شيك
einen Scheck schreiben	katab ʃīk	كتب شيك
Scheckbuch (n)	daftar ʃikāt (m)	دفتر شيكات
Darlehen (m)	qarḍ (m)	قرض
ein Darlehen beantragen	'addem ṭalab 'ala qarḍ	قدّم طلب على قرض
ein Darlehen aufnehmen	ḥaṣal 'ala qarḍ	حصل على قرض
ein Darlehen geben	edda qarḍ	ادّى قرض
Sicherheit (f)	ḍamān (m)	ضمان

79. Telefon. Telefongespräche

Telefon (n)	telefon (m)	تليفون
Mobiltelefon (n)	mobile (m)	موبايل
Anrufbeantworter (m)	gehāz radd 'alal mokalmāt (m)	جهاز ردّ على المكالمات
anrufen (vt)	ettaṣal	إتّصل
Anruf (m)	mokalma telefoniya (f)	مكالمة تليفونية
eine Nummer wählen	ettaṣal be raqam	إتّصل برقم
Hallo!	alo!	ألو!
fragen (vt)	sa'al	سأل
antworten (vi)	radd	ردّ
hören (vt)	seme'	سمع
gut (~ aussehen)	kewayes	كويّس
schlecht (Adv)	meʃ kowayīs	مش كويّس
Störungen (pl)	taʃwīʃ (m)	تشويش
Hörer (m)	sammā'a (f)	سمّاعة
den Hörer abnehmen	rafa' el sammā'a	رفع السمّاعة
auflegen (den Hörer ~)	'afal el sammā'a	قفل السمّاعة
besetzt	maʃɣūl	مشغول
läuten (vi)	rann	رنّ
Telefonbuch (n)	dalīl el telefone (m)	دليل التليفون
Orts-	maḥalliyya	ة محلّيّة
Ortsgespräch (n)	mokalma maḥalliya (f)	مكالمة محلّيّة
Auslands-	dowly	دوّلي
Auslandsgespräch (n)	mokalma dowliya (f)	مكالمة دوليّة
Fern-	bi'īd	بعيد
Ferngespräch (n)	mokalma bi'īda (f)	مكالمة بعيدة المدى

80. Mobiltelefon

Mobiltelefon (n)	mobile (m)	موبايل
Display (n)	'arḍ (m)	عرض

Knopf (m)	zerr (m)	زرّ
SIM-Karte (f)	sim kard (m)	سيم كارد
Batterie (f)	baṭṭariya (f)	بطّاريّة
leer sein (Batterie)	χelṣet	خلصت
Ladegerät (n)	ʃāḥen (m)	شاحن
Menü (n)	qā'ema (f)	قائمة
Einstellungen (pl)	awḍā' (pl)	أوضاع
Melodie (f)	naɣama (f)	نغمة
auswählen (vt)	eχtār	إختار
Rechner (m)	'āla ḥasba (f)	آلة حاسبة
Anrufbeantworter (m)	barīd ṣawty (m)	بريد صوتي
Wecker (m)	monabbeh (m)	منبّه
Kontakte (pl)	gehāt el etteṣāl (pl)	جهات الإتّصال
SMS-Nachricht (f)	resāla 'aṣīra ɛsɛmɛs (f)	sms رسالة قصيرة
Teilnehmer (m)	moʃtarek (m)	مشترك

81. Bürobedarf

Kugelschreiber (m)	'alam gāf (m)	قلم جاف
Federhalter (m)	'alam rīʃa (m)	قلم ريشة
Bleistift (m)	'alam roṣāṣ (m)	قلم رصاص
Faserschreiber (m)	markar (m)	ماركر
Filzstift (m)	'alam fulumaster (m)	قلم فلوماستر
Notizblock (m)	mozakkera (f)	مذكّرة
Terminkalender (m)	gadwal el a'māl (m)	جدول الأعمال
Lineal (n)	masṭara (f)	مسطرة
Rechner (m)	'āla ḥasba (f)	آلة حاسبة
Radiergummi (m)	astīka (f)	استيكة
Reißzwecke (f)	dabbūs (m)	دبّوس
Heftklammer (f)	dabbūs wara' (m)	دبّوس ورق
Klebstoff (m)	ṣamɣ (m)	صمغ
Hefter (m)	dabbāsa (f)	دبّاسة
Locher (m)	χarrāma (m)	خرّامة
Bleistiftspitzer (m)	barrāya (f)	برّاية

82. Geschäftsarten

Buchführung (f)	χedamāt moḥasba (pl)	خدمات محاسبة
Werbung (f)	e'lān (m)	إعلان
Werbeagentur (f)	wekālet e'lān (f)	وكالة إعلان
Klimaanlagen (pl)	takyīf (m)	تكييف
Fluggesellschaft (f)	ʃerket ṭayarān (f)	شركة طيران
Spirituosen (pl)	maʃrūbāt koḥūliya (pl)	مشروبات كحوليّة
Antiquitäten (pl)	toḥaf (pl)	تحف

Kunstgalerie (f)	maʻraḍ fanny (m)	معرض فنّي
Rechnungsprüfung (f)	χedamāt faḥṣ el ḥesābāt (pl)	خدمات فحص الحسابات
Bankwesen (n)	el qeṭāʻ el maṣrefy (m)	القطاع المصرفي
Bar (f)	bār (m)	بار
Schönheitssalon (m)	ṣalone tagmīl (m)	صالون تجميل
Buchhandlung (f)	maḥal kotob (m)	محل كتب
Bierbrauerei (f)	maṣnaʻ bīra (m)	مصنع بيرة
Bürogebäude (n)	markaz tegāry (m)	مركز تجاري
Business-Schule (f)	kolliyet edāret el aʻmāl (f)	كليّة إدارة الأعمال
Kasino (n)	kazino (m)	كازينو
Bau (m)	benāʾ (m)	بناء
Beratung (f)	esteʃāra (f)	إستشارة
Stomatologie (f)	ʻeyādet asnān (f)	عيادة أسنان
Design (n)	taṣmīm (m)	تصميم
Apotheke (f)	ṣaydaliya (f)	صيدليّة
chemische Reinigung (f)	dray klīn (m)	دراي كلين
Personalagentur (f)	wekālet tawẓīf (f)	وكالة توّظيف
Finanzdienstleistungen (pl)	χedamāt māliya (pl)	خدمات ماليّة
Nahrungsmittel (pl)	akl (m)	أكل
Bestattungsinstitut (n)	maktab motaʻahhed el dafn (m)	مكتب متعهّد الدفن
Möbel (n)	asās (m)	أثاث
Kleidung (f)	malābes (pl)	ملابس
Hotel (n)	fondoʾ (m)	فندق
Eis (n)	ʾays krīm (m)	آيس كريم
Industrie (f)	ṣenāʻa (f)	صناعة
Versicherung (f)	taʾmīn (m)	تأمين
Internet (n)	internet (m)	إنترنت
Investitionen (pl)	estesmarāt (pl)	إستثمارات
Juwelier (m)	ṣāʾeɣ (m)	صائغ
Juwelierwaren (pl)	mogawharāt (pl)	مجوّهرات
Wäscherei (f)	maɣsala (f)	مغسلة
Rechtsberatung (f)	χedamāt qanūniya (pl)	خدمات قانونيّة
Leichtindustrie (f)	ṣenāʻa χafīfa (f)	صناعة خفيفة
Zeitschrift (f)	magalla (f)	مجلّة
Versandhandel (m)	beyʻ be neẓām el barīd (m)	بيع بنظام البريد
Medizin (f)	ṭebb (m)	طبّ
Kino (Filmtheater)	sinema (f)	سينما
Museum (n)	mat-ḥaf (m)	متحف
Nachrichtenagentur (f)	wekāla eχbariya (f)	وكالة إخبارية
Zeitung (f)	garīda (f)	جريدة
Nachtklub (m)	malha leyly (m)	ملهى ليّلي
Erdöl (n)	nafṭ (m)	نفط
Kurierdienst (m)	χedamāt el ʃaḥn (pl)	خدمات الشحن
Pharmaindustrie (f)	ṣaydala (f)	صيدلة
Druckindustrie (f)	ṭebāʻa (f)	طباعة
Verlag (m)	dar el ṭebāʻa wel naʃr (f)	دار الطباعة والنشر

Rundfunk (m)	radio (m)	راديو
Immobilien (pl)	ʿeqarāt (pl)	عقارات
Restaurant (n)	maṭʿam (m)	مطعم
Sicherheitsagentur (f)	ʃerket amn (f)	شركة أمن
Sport (m)	reyāḍa (f)	رياضة
Börse (f)	borṣa (f)	بورصة
Laden (m)	maḥal (m)	محل
Supermarkt (m)	subermarket (m)	سوبرماركت
Schwimmbad (n)	ḥammām sebāḥa (m)	حمّام سباحة
Atelier (n)	maḥal χeyāṭa (m)	محل خياطة
Fernsehen (n)	televizion (m)	تليفزيون
Theater (n)	masraḥ (m)	مسرح
Handel (m)	tegāra (f)	تجارة
Transporte (pl)	wasāʾel el naʾl (pl)	وسائل النقل
Reisen (pl)	safar (m)	سفر
Tierarzt (m)	doktore beṭary (m)	دكتور بيطري
Warenlager (n)	mostawdaʿ (m)	مستودع
Müllabfuhr (f)	gamaʿ el nefayāt (m)	جمع النفايات

Arbeit. Geschäft. Teil 2

83. Show. Ausstellung

Ausstellung (f)	maʿraḍ (m)	معرض
Handelsausstellung (f)	maʿraḍ tegāry (m)	معرض تجاري
Teilnahme (f)	eʃterāk (m)	إشتراك
teilnehmen (vi)	ʃārek	شارك
Teilnehmer (m)	moʃtarek (m)	مشترك
Direktor (m)	modīr (m)	مدير
Messeverwaltung (f)	maktab el monaẓẓemīn (m)	مكتب المنظّمين
Organisator (m)	monazzem (m)	منظّم
veranstalten (vt)	nazzam	نظّم
Anmeldeformular (n)	estemāret el eʃterak (f)	إستمارة الإشتراك
ausfüllen (vt)	mala	ملأ
Details (pl)	tafaṣīl (pl)	تفاصيل
Information (f)	esteʿlamāt (pl)	إستعلامات
Preis (m)	seʿr (m)	سعر
einschließlich	bema feyh	بما فيه
einschließen (vt)	taḍamman	تضمّن
zahlen (vt)	dafaʿ	دفع
Anmeldegebühr (f)	rosūm el tasgīl (pl)	رسوم التسجيل
Eingang (m)	madχal (m)	مدخل
Pavillon (m)	genāḥ (m)	جناح
registrieren (vt)	saggel	سجّل
Namensschild (n)	ʃāra (f)	شارة
Stand (m)	koʃk (m)	كشك
reservieren (vt)	ḥagaz	حجز
Vitrine (f)	vatrīna (f)	فترينة
Strahler (m)	kasʃāf el nūr (m)	كشّاف النور
Design (n)	taṣmīm (m)	تصميم
stellen (vt)	ḥaṭṭ	حطّ
Distributor (m)	mowazzeʿ (m)	موزّع
Lieferant (m)	mowarred (m)	مورّد
Land (n)	balad (m)	بلد
ausländisch	agnaby	أجنبي
Produkt (n)	montag (m)	منتج
Assoziation (f)	gamʿiya (f)	جمعيّة
Konferenzraum (m)	qāʿet el moʾtamarāt (f)	قاعة المؤتمرات
Kongress (m)	moʾtamar (m)	مؤتمر

Wettbewerb (m)	mosab'a (f)	مسابقة
Besucher (m)	zā'er (m)	زائر
besuchen (vt)	ḥaḍar	حضر
Auftraggeber (m)	zobūn (m)	زبون

84. Wissenschaft. Forschung. Wissenschaftler

Wissenschaft (f)	'elm (m)	علم
wissenschaftlich	'elmy	علمي
Wissenschaftler (m)	'ālem (m)	عالم
Theorie (f)	naẓariya (f)	نظريّة
Axiom (n)	badīhiya (f)	بديهيّة
Analyse (f)	taḥlīl (m)	تحليل
analysieren (vt)	ḥallel	حلّل
Argument (n)	borhān (m)	برهان
Substanz (f)	madda (f)	مادّة
Hypothese (f)	faraḍiya (f)	فرضيّة
Dilemma (n)	mo'ḍela (f)	معضلة
Dissertation (f)	resāla 'elmiya (f)	رسالة علميّة
Dogma (n)	'aqīda (f)	عقيدة
Doktrin (f)	mazhab (m)	مذهب
Forschung (f)	baḥs (m)	بحث
forschen (vi)	baḥs	بحث
Kontrolle (f)	eχtebārāt (pl)	إختبارات
Labor (n)	moχtabar (m)	مختبر
Methode (f)	manhag (m)	منهج
Molekül (n)	gozaye' (m)	جزيء
Monitoring (n)	reqāba (f)	رقابة
Entdeckung (f)	ekteʃāf (m)	إكتشاف
Postulat (n)	mosallama (f)	مسلّمة
Prinzip (n)	mabda' (m)	مبدأ
Prognose (f)	tanabbo' (m)	تنبّؤ
prognostizieren (vt)	tanabba'	تنبّأ
Synthese (f)	tarkīb (m)	تركيب
Tendenz (f)	ettegāh (m)	إتّجاه
Theorem (n)	naẓariya (f)	نظريّة
Lehre (Doktrin)	ta'alīm (pl)	تعاليم
Tatsache (f)	ḥaT'a (f)	حقيقة
Expedition (f)	be'sa (f)	بعثة
Experiment (n)	tagreba (f)	تجربة
Akademiemitglied (n)	akadīmy (m)	أكاديمي
Bachelor (m)	bakaleryūs (m)	بكالوريوس
Doktor (m)	doktore (m)	دكتور
Dozent (m)	ostāz moʃārek (m)	أستاذ مشارك
Magister (m)	maʒestīr (m)	ماجستير
Professor (m)	brofessor (m)	بروفيسور

Berufe und Tätigkeiten

85. Arbeitsuche. Kündigung

Arbeit (f), Stelle (f)	ʿamal (m)	عمل
Belegschaft (f)	kawādir (pl)	كوادر
Personal (n)	ṭāqem el ʿāmelīn (m)	طاقم العاملين
Karriere (f)	mehna (f)	مهنة
Perspektive (f)	ʾāfāq (pl)	آفاق
Können (n)	maharāt (pl)	مهارات
Auswahl (f)	eχteyār (m)	إختيار
Personalagentur (f)	wekālet tawẓīf (f)	وكالة توّظيف
Lebenslauf (m)	sīra zātiya (f)	سيرة ذاتيّة
Vorstellungsgespräch (n)	moʾablet ʿamal (f)	مقابلة عمل
Vakanz (f)	wazīfa χaleya (f)	وظيفة خالية
Gehalt (n)	morattab (m)	مرتّب
festes Gehalt (n)	rāteb sābet (m)	راتب ثابت
Arbeitslohn (m)	ogra (f)	أجرة
Stellung (f)	manṣeb (m)	منصب
Pflicht (f)	wāgeb (m)	واجب
Aufgabenspektrum (n)	magmūʿa men el wāgebāt (f)	مجموعة من الواجبات
beschäftigt	maʃɣūl	مشغول
kündigen (vt)	rafad	رفد
Kündigung (f)	eqāla (m)	إقالة
Arbeitslosigkeit (f)	baṭāla (f)	بطالة
Arbeitslose (m)	ʿāṭel (m)	عاطل
Rente (f), Ruhestand (m)	maʿāʃ (m)	معاش
in Rente gehen	oḥīl ʿala el maʿāʃ	أحيل على المعاش

86. Geschäftsleute

Direktor (m)	modīr (m)	مدير
Leiter (m)	modīr (m)	مدير
Boss (m)	raʾīs (m)	رئيس
Vorgesetzte (m)	motafawweq (m)	متفوّق
Vorgesetzten (pl)	roʾasāʾ (pl)	رؤساء
Präsident (m)	raʾīs (m)	رئيس
Vorsitzende (m)	raʾīs (m)	رئيس
Stellvertreter (m)	nāʾeb (m)	نائب
Helfer (m)	mosāʿed (m)	مساعد

Sekretär (m)	sekerteyr (m)	سكرتير
Privatsekretär (m)	sekerteyr χāṣ (m)	سكرتير خاص
Geschäftsmann (m)	ragol a'māl (m)	رجل أعمال
Unternehmer (m)	rā'ed a'māl (m)	رائد أعمال
Gründer (m)	mo'asses (m)	مؤسّس
gründen (vt)	asses	أسّس
Gründungsmitglied (n)	mo'asses (m)	مؤسّس
Partner (m)	ʃerīk (m)	شريك
Aktionär (m)	mālek el as-hom (m)	مالك الأسهم
Millionär (m)	millyonīr (m)	مليونير
Milliardär (m)	milliardīr (m)	ملياردير
Besitzer (m)	ṣāḥeb (m)	صاحب
Landbesitzer (m)	ṣāḥeb el arḍ (m)	صاحب الأرض
Kunde (m)	'amīl (m)	عميل
Stammkunde (m)	'amīl dā'em (m)	عميل دائم
Käufer (m)	moʃtary (m)	مشتري
Besucher (m)	zā'er (m)	زائر
Fachmann (m)	moḥtaref (m)	محترف
Experte (m)	χabīr (m)	خبير
Spezialist (m)	motaχaṣṣeṣ (m)	متخصّص
Bankier (m)	ṣāḥeb maṣraf (m)	صاحب مصرف
Makler (m)	semsār (m)	سمسار
Kassierer (m)	'āmel kaʃier (m)	عامل كاشيير
Buchhalter (m)	muḥāseb (m)	محاسب
Wächter (m)	ḥāres amn (m)	حارس أمن
Investor (m)	mostasmer (m)	مستثمر
Schuldner (m)	modīn (m)	مدين
Gläubiger (m)	dā'en (m)	دائن
Kreditnehmer (m)	moqtareḍ (m)	مقترض
Importeur (m)	mostawred (m)	مستوّرد
Exporteur (m)	moṣadder (m)	مصدّر
Hersteller (m)	el ʃerka el moṣanne'a (f)	الشركة المصنّعة
Distributor (m)	mowazze' (m)	موزّع
Vermittler (m)	wasīṭ (m)	وسيط
Berater (m)	mostaʃār (m)	مستشار
Vertreter (m)	mandūb mabi'āt (m)	مندوب مبيعات
Agent (m)	wakīl (m)	وكيل
Versicherungsagent (m)	wakīl el ta'mīn (m)	وكيل التأمين

87. Dienstleistungsberufe

Koch (m)	ṭabbāχ (m)	طبّاخ
Chefkoch (m)	el ʃeyf (m)	الشيف

Bäcker (m)	xabbāz (m)	خبّاز
Barmixer (m)	bārman (m)	بارمان
Kellner (m)	garsone (m)	جرسون
Kellnerin (f)	garsona (f)	جرسونة
Rechtsanwalt (m)	muḥāmy (m)	محامي
Jurist (m)	muḥāmy xabīr qanūny (m)	محامي خبير قانوني
Notar (m)	mowassaq (m)	موثّق
Elektriker (m)	kahrabā'y (m)	كهربائي
Klempner (m)	samkary (m)	سمكري
Zimmermann (m)	naggār (m)	نجّار
Masseur (m)	modallek (m)	مدلّك
Masseurin (f)	modalleka (f)	مدلّكة
Arzt (m)	doktore (m)	دكتور
Taxifahrer (m)	sawwā' taksi (m)	سوّاق تاكسي
Fahrer (m)	sawwā' (m)	سوّاق
Ausfahrer (m)	rāgel el delivery (m)	راجل الديلفري
Zimmermädchen (n)	'āmela tandīf ɣoraf (f)	عاملة تنظيف غرف
Wächter (m)	ḥāres amn (m)	حارس أمن
Flugbegleiterin (f)	moḍīfet ṭayarān (f)	مضيفة طيران
Lehrer (m)	modarres madrasa (m)	مدرّس مدرسة
Bibliothekar (m)	amīn maktaba (m)	أمين مكتبة
Übersetzer (m)	motargem (m)	مترجم
Dolmetscher (m)	motargem fawwry (m)	مترجم فوّري
Fremdenführer (m)	morʃed (m)	مرشد
Friseur (m)	ḥallā' (m)	حلّاق
Briefträger (m)	sā'y el barīd (m)	ساعي البريد
Verkäufer (m)	bayā' (m)	بيّاع
Gärtner (m)	bostāny (m)	بستاني
Diener (m)	xādema (m)	خادمة
Magd (f)	xadema (f)	خادمة
Putzfrau (f)	'āmela tandīf (f)	عاملة تنظيف

88. Militärdienst und Ränge

einfacher Soldat (m)	gondy (m)	جنّدي
Feldwebel (m)	raqīb tāny (m)	رقيب تاني
Leutnant (m)	molāzem tāny (m)	ملازم تاني
Hauptmann (m)	naqīb (m)	نقيب
Major (m)	rā'ed (m)	رائد
Oberst (m)	'aqīd (m)	عقيد
General (m)	ʒenerāl (m)	جنرال
Marschall (m)	marʃāl (m)	مارشال
Admiral (m)	amerāl (m)	أميرال
Militärperson (f)	'askary (m)	عسكري
Soldat (m)	gondy (m)	جنّدي

Offizier (m)	ḍābeṭ (m)	ضابط
Kommandeur (m)	qā'ed (m)	قائد
Grenzsoldat (m)	ḥaras ḥodūd (m)	حرس حدود
Funker (m)	'āmel lāselky (m)	عامل لاسلكي
Aufklärer (m)	rā'ed mostakʃef (m)	رائد مستكشف
Pionier (m)	mohandes 'askary (m)	مهندس عسكري
Schütze (m)	rāmy (m)	رامي
Steuermann (m)	mallāḥ (m)	ملّاح

89. Beamte. Priester

König (m)	malek (m)	ملك
Königin (f)	maleka (f)	ملكة
Prinz (m)	amīr (m)	أمير
Prinzessin (f)	amīra (f)	أميرة
Zar (m)	qayṣar (m)	قيصر
Zarin (f)	qayṣara (f)	قيصرة
Präsident (m)	ra'īs (m)	رئيس
Minister (m)	wazīr (m)	وزير
Ministerpräsident (m)	ra'īs wozarā' (m)	رئيس وزراء
Senator (m)	'oḍw magles el ʃoyūχ (m)	عضو مجلس الشيوخ
Diplomat (m)	deblomāsy (m)	دبلوماسي
Konsul (m)	qonṣol (m)	قنصل
Botschafter (m)	safīr (m)	سفير
Ratgeber (m)	mostaʃār (m)	مستشار
Beamte (m)	mowazzaf (m)	موظّف
Präfekt (m)	ra'īs edāret el ḥayī (m)	رئيس إدارة الحي
Bürgermeister (m)	ra'īs el baladiya (m)	رئيس البلديّة
Richter (m)	qāḍy (m)	قاضي
Staatsanwalt (m)	el na'eb el 'ām (m)	النائب العام
Missionar (m)	mobaʃer (m)	مبشّر
Mönch (m)	rāheb (m)	راهب
Abt (m)	ra'īs el deyr (m)	رئيس الدير
Rabbiner (m)	ḥaχām (m)	حاخام
Wesir (m)	wazīr (m)	وزير
Schah (n)	ʃāh (m)	شاه
Scheich (m)	ʃɛyχ (m)	شيخ

90. Landwirtschaftliche Berufe

Bienenzüchter (m)	naḥḥāl (m)	نحّال
Hirt (m)	rā'y (m)	راعي
Agronom (m)	mohandes zerā'y (m)	مهندس زراعي

Viehzüchter (m)	morabby el mawāʃy (m)	مربّي المواشي
Tierarzt (m)	doktore beṭary (m)	دكتور بيطري
Farmer (m)	mozāreʿ (m)	مزارع
Winzer (m)	ṣāneʿ el χamr (m)	صانع الخمر
Zoologe (m)	χabīr fe ʻelm el ḥayawān (m)	خبير في علم الحيوان
Cowboy (m)	rāʿy el baʾar (m)	راعي البقر

91. Künstler

Schauspieler (m)	momassel (m)	ممثّل
Schauspielerin (f)	momassela (f)	ممثّلة
Sänger (m)	moṭreb (m)	مطرب
Sängerin (f)	moṭreba (f)	مطربة
Tänzer (m)	rāqeṣ (m)	راقص
Tänzerin (f)	raʾāṣa (f)	راقصة
Künstler (m)	fannān (m)	فنّان
Künstlerin (f)	fannāna (f)	فنّانة
Musiker (m)	ʻāzef (m)	عازف
Pianist (m)	ʻāzef biano (m)	عازف بيانو
Gitarrist (m)	ʻāzef guitar (m)	عازف جيتار
Dirigent (m)	qāʾed orkestra (m)	قائد أوركسترا
Komponist (m)	molaḥḥen (m)	ملحّن
Manager (m)	modīr ferʾa (m)	مدير فرقة
Regisseur (m)	moχreg aflām (m)	مخرج أفلام
Produzent (m)	monteg (m)	منتج
Drehbuchautor (m)	kāteb senario (m)	كاتب سيناريو
Kritiker (m)	nāqed (m)	ناقد
Schriftsteller (m)	kāteb (m)	كاتب
Dichter (m)	ʃāʿer (m)	شاعر
Bildhauer (m)	naḥḥāt (m)	نحّات
Maler (m)	rassām (m)	رسّام
Jongleur (m)	bahlawān (m)	بهلوان
Clown (m)	aragoze (m)	أراجوز
Akrobat (m)	bahlawān (m)	بهلوان
Zauberkünstler (m)	sāḥer (m)	ساحر

92. Verschiedene Berufe

Arzt (m)	doktore (m)	دكتور
Krankenschwester (f)	momarreḍa (f)	ممرّضة
Psychiater (m)	doktore nafsāny (m)	دكتور نفساني
Zahnarzt (m)	doktore asnān (m)	دكتور أسنان
Chirurg (m)	garrāḥ (m)	جرّاح

Astronaut (m)	rā'ed faḍā' (m)	رائد فضاء
Astronom (m)	'ālem falak (m)	عالم فلك
Pilot (m)	ṭayār (m)	طيّار
Fahrer (Taxi-)	sawwā' (m)	سوّاق
Lokomotivführer (m)	sawwā' (m)	سوّاق
Mechaniker (m)	mikanīky (m)	ميكانيكي
Bergarbeiter (m)	'āmel mangam (m)	عامل منجم
Arbeiter (m)	'āmel (m)	عامل
Schlosser (m)	'affāl (m)	قفّال
Tischler (m)	naggār (m)	نجّار
Dreher (m)	χarrāṭ (m)	خرّاط
Bauarbeiter (m)	'āmel benā' (m)	عامل بناء
Schweißer (m)	laḥḥām (m)	لحّام
Professor (m)	brofessor (m)	بروفيسور
Architekt (m)	mohandes me'māry (m)	مهندس معماري
Historiker (m)	mo'arreχ (m)	مؤرّخ
Wissenschaftler (m)	'ālem (m)	عالم
Physiker (m)	fizyā'y (m)	فيزيائي
Chemiker (m)	kemyā'y (m)	كيميائي
Archäologe (m)	'ālem'āsār (m)	عالم آثار
Geologe (m)	ʒeoloʒy (m)	جيولوجي
Forscher (m)	bāḥes (m)	باحث
Kinderfrau (f)	dāda (f)	دادة
Lehrer (m)	mo'allem (m)	معلّم
Redakteur (m)	moḥarrer (m)	محرّر
Chefredakteur (m)	ra'īs taḥrīr (m)	رئيس تحرير
Korrespondent (m)	morāsel (m)	مراسل
Schreibkraft (f)	kāteba 'ala el 'āla el kāteba (f)	كاتبة على الآلة الكاتبة
Designer (m)	moṣammem (m)	مصمّم
Computerspezialist (m)	motaχaṣṣeṣ bel kombuter (m)	متخصّص بالكمبيوتر
Programmierer (m)	mobarmeg (m)	مبرمج
Ingenieur (m)	mohandes (m)	مهندس
Seemann (m)	baḥḥār (m)	بحّار
Matrose (m)	baḥḥār (m)	بحّار
Retter (m)	monqez (m)	منقذ
Feuerwehrmann (m)	rāgel el maṭāfy (m)	راجل المطافئ
Polizist (m)	ʃorṭy (m)	شرطي
Nachtwächter (m)	ḥāres (m)	حارس
Detektiv (m)	moḥaqqeq (m)	محقّق
Zollbeamter (m)	mowazzaf el gamārek (m)	موظّف الجمارك
Leibwächter (m)	ḥāres ʃaχṣy (m)	حارس شخصي
Gefängniswärter (m)	ḥāres segn (m)	حارس سجن
Inspektor (m)	mofatteʃ (m)	مفتّش
Sportler (m)	reyāḍy (m)	رياضي
Trainer (m)	modarreb (m)	مدرّب

Fleischer (m)	gazzār (m)	جزّار
Schuster (m)	eskāfy (m)	إسكافي
Geschäftsmann (m)	tāger (m)	تاجر
Ladearbeiter (m)	ʃayāl (m)	شيّال
Modedesigner (m)	moṣammem azyā' (m)	مصمّم أزياء
Modell (n)	modeyl (f)	موديل

93. Beschäftigung. Sozialstatus

Schüler (m)	talmīz (m)	تلميذ
Student (m)	ṭāleb (m)	طالب
Philosoph (m)	faylasūf (m)	فيلسوف
Ökonom (m)	eqtiṣādy (m)	إقتصادي
Erfinder (m)	moχtare' (m)	مخترع
Arbeitslose (m)	'āṭel (m)	عاطل
Rentner (m)	motaqā'ed (m)	متقاعد
Spion (m)	gasūs (m)	جاسوس
Gefangene (m)	sagīn (m)	سجين
Streikender (m)	moḍrab (m)	مضرب
Bürokrat (m)	buroqrāṭy (m)	بيروقراطي
Reisende (m)	raḥḥāla (m)	رحّالة
Homosexuelle (m)	ʃāz (m)	شاذ
Hacker (m)	haker (m)	هاكِر
Hippie (m)	hippi (m)	هيبي
Bandit (m)	qāṭe' ṭarī' (m)	قاطع طريق
Killer (m)	qātel ma'gūr (m)	قاتل مأجور
Drogenabhängiger (m)	modmen moχaddarāt (m)	مدمن مخدّرات
Drogenhändler (m)	tāger moχaddarāt (m)	تاجر مخدّرات
Prostituierte (f)	mommos (f)	مومِس
Zuhälter (m)	qawwād (m)	قوّاد
Zauberer (m)	sāḥer (m)	ساحر
Zauberin (f)	sāḥera (f)	ساحرة
Seeräuber (m)	'orṣān (m)	قرصان
Sklave (m)	'abd (m)	عبد
Samurai (m)	samuray (m)	ساموراي
Wilde (m)	motawaḥḥeʃ (m)	متوحّش

Ausbildung

94. Schule

Schule (f)	madrasa (f)	مدرسة
Schulleiter (m)	modīr el madrasa (m)	مدير المدرسة
Schüler (m)	talmīz (m)	تلميذ
Schülerin (f)	telmīza (f)	تلميذة
Schuljunge (m)	talmīz (m)	تلميذ
Schulmädchen (f)	telmīza (f)	تلميذة
lehren (vt)	ʻallem	علّم
lernen (Englisch ~)	taʻallam	تعلّم
auswendig lernen	ḥafaẓ	حفظ
lernen (vi)	taʻallam	تعلّم
in der Schule sein	daras	درس
die Schule besuchen	rāḥ el madrasa	راح المدرسة
Alphabet (n)	abgadiya (f)	أبجدية
Fach (n)	madda (f)	مادّة
Klassenraum (m)	faṣl (m)	فصل
Stunde (f)	dars (m)	درس
Pause (f)	estrāḥa (f)	إستراحة
Schulglocke (f)	garas el madrasa (m)	جرس المدرسة
Schulbank (f)	disk el madrasa (m)	ديسك المدرسة
Tafel (f)	sabbūra (f)	سبّورة
Note (f)	daraga (f)	درجة
gute Note (f)	daraga kewayesa (f)	درجة كويسة
schlechte Note (f)	daraga meʃ kewayesa (f)	درجة مش كويسة
eine Note geben	edda daraga	إدّى درجة
Fehler (m)	χaṭa' (m)	خطأ
Fehler machen	aχṭa'	أخطأ
korrigieren (vt)	ṣaḥḥaḥ	صحّح
Spickzettel (m)	berʃām (m)	برشام
Hausaufgabe (f)	wāgeb (m)	واجب
Übung (f)	tamrīn (m)	تمرين
anwesend sein	ḥaḍar	حضر
fehlen (in der Schule ~)	ɣāb	غاب
versäumen (Schule ~)	taɣeyyab ʻan el madrasa	تغيّب عن المدرسة
bestrafen (vt)	ʻāqab	عاقب
Strafe (f)	ʻeqāb (m)	عقاب
Benehmen (n)	solūk (m)	سلوك

Zeugnis (n)	el taqrīr el madrasy (m)	التقرير المدرسي
Bleistift (m)	'alam roṣāṣ (m)	قلم رصاص
Radiergummi (m)	astīka (f)	استيكة
Kreide (f)	ṭabaʃīr (m)	طباشير
Federkasten (m)	ma'lama (f)	مقلمة
Schulranzen (m)	ʃanṭet el madrasa (f)	شنطة المدرسة
Kugelschreiber, Stift (m)	'alam (m)	قلم
Heft (n)	daftar (m)	دفتر
Lehrbuch (n)	ketāb ta'līm (m)	كتاب تعليم
Zirkel (m)	bargal (m)	برجل
zeichnen (vt)	rasam rasm teqany	رسم رسم تقني
Zeichnung (f)	rasm teqany (m)	رسم تقني
Gedicht (n)	'aṣīda (f)	قصيدة
auswendig (Adv)	'an ẓahr qalb	عن ظهر قلب
auswendig lernen	ḥafaẓ	حفظ
Ferien (pl)	agāza (f)	أجازة
in den Ferien sein	'ando agāza	عنده أجازة
Ferien verbringen	'aḍa el agāza	قضى الأجازة
Test (m), Prüfung (f)	emteḥān (m)	إمتحان
Aufsatz (m)	enʃā' (m)	إنشاء
Diktat (n)	emlā' (m)	إملاء
Prüfung (f)	emteḥān (m)	إمتحان
Prüfungen ablegen	'amal emteḥān	عمل إمتحان
Experiment (n)	tagreba (f)	تجربة

95. Hochschule. Universität

Akademie (f)	akademiya (f)	أكاديميّة
Universität (f)	gam'a (f)	جامعة
Fakultät (f)	kolliya (f)	كلّيّة
Student (m)	ṭāleb (m)	طالب
Studentin (f)	ṭāleba (f)	طالبة
Lehrer (m)	muḥāḍer (m)	محاضر
Hörsaal (m)	modarrag (m)	مدرّج
Hochschulabsolvent (m)	motaχarreg (m)	متخرّج
Diplom (n)	dibloma (f)	دبلومة
Dissertation (f)	resāla 'elmiya (f)	رسالة علميّة
Forschung (f)	derāsa (f)	دراسة
Labor (n)	moχtabar (m)	مختبر
Vorlesung (f)	moḥaḍra (f)	محاضرة
Kommilitone (m)	zamīl fel ṣaff (m)	زميل في الصفّ
Stipendium (n)	menḥa derāsiya (f)	منحة دراسيّة
akademischer Grad (m)	daraga 'elmiya (f)	درجة علميّة

96. Naturwissenschaften. Fächer

Mathematik (f)	reyāḍīāt (pl)	رياضيّات
Algebra (f)	el gabr (m)	الجبر
Geometrie (f)	handasa (f)	هندسة
Astronomie (f)	'elm el falak (m)	علم الفلك
Biologie (f)	al aḥya' (m)	الأحياء
Erdkunde (f)	goɣrafia (f)	جغرافيا
Geologie (f)	ʒeoloʒia (f)	جيولوجيا
Geschichte (f)	tarīχ (m)	تاريخ
Medizin (f)	ṭebb (m)	طبّ
Pädagogik (f)	tarbeya (f)	تربية
Recht (n)	qanūn (m)	قانون
Physik (f)	fezya' (f)	فيزياء
Chemie (f)	kemya' (f)	كيمياء
Philosophie (f)	falsafa (f)	فلسفة
Psychologie (f)	'elm el nafs (m)	علم النفس

97. Schrift Rechtschreibung

Grammatik (f)	el naḥw wel ṣarf (m)	النحو والصرف
Lexik (f)	mofradāt el loɣa (pl)	مفردات اللغة
Phonetik (f)	ṣawtīāt (pl)	صوتيات
Substantiv (n)	esm (m)	اسم
Adjektiv (n)	ṣefa (f)	صفة
Verb (n)	fe'l (m)	فعل
Adverb (n)	ẓarf (m)	ظرف
Pronomen (n)	ḍamīr (m)	ضمير
Interjektion (f)	oslūb el ta'aggob (m)	أسلوب التعجّب
Präposition (f)	ḥarf el garr (m)	حرف الجرّ
Wurzel (f)	gezr el kelma (m)	جذر الكلمة
Endung (f)	nehāya (f)	نهاية
Vorsilbe (f)	sabaeqa (f)	سابقة
Silbe (f)	maqṭa' lafzy (m)	مقطع لفظي
Suffix (n), Nachsilbe (f)	lāḥeqa (f)	لاحقة
Betonung (f)	nabra (f)	نبرة
Apostroph (m)	'alāmet ḥazf (f)	علامة حذف
Punkt (m)	no'ṭa (f)	نقطة
Komma (n)	faṣla (f)	فاصلة
Semikolon (n)	no'ṭa w faṣla (f)	نقطة وفاصلة
Doppelpunkt (m)	no'ṭeteyn (pl)	نقطتين
Auslassungspunkte (pl)	talat no'aṭ (pl)	ثلاث نقط
Fragezeichen (n)	'alāmet estefhām (f)	علامة إستفهام
Ausrufezeichen (n)	'alāmet ta'aggob (f)	علامة تعجّب

Anführungszeichen (pl)	ʿalamāt el eqtebās (pl)	علامات الإقتباس
in Anführungszeichen	beyn ʿalamaty el eqtebās	بين علامتي الاقتباس
runde Klammern (pl)	qoseyn (du)	قوسين
in Klammern	beyn el qoseyn	بين القوسين
Bindestrich (m)	ʿalāmet waṣl (f)	علامة وصل
Gedankenstrich (m)	ʃorṭa (f)	شرطة
Leerzeichen (n)	farāɣ (m)	فراغ
Buchstabe (m)	ḥarf (m)	حرف
Großbuchstabe (m)	ḥarf kebīr (m)	حرف كبير
Vokal (m)	ḥarf ṣauty (m)	حرف صوتي
Konsonant (m)	ḥarf sāken (m)	حرف ساكن
Satz (m)	gomla (f)	جملة
Subjekt (n)	fāʿel (m)	فاعل
Prädikat (n)	mosnad (m)	مسند
Zeile (f)	saṭr (m)	سطر
in einer neuen Zeile	men bedāyet el saṭr	من بداية السطر
Absatz (m)	faqra (f)	فقرة
Wort (n)	kelma (f)	كلمة
Wortverbindung (f)	magmūʿa men el kelamāt (pl)	مجموعة من الكلمات
Redensart (f)	moṣṭalaḥ (m)	مصطلح
Synonym (n)	morādef (m)	مرادف
Antonym (n)	motaḍād loɣawy (m)	متضاد لغوي
Regel (f)	qaʿeda (f)	قاعدة
Ausnahme (f)	estesnāʾ (m)	إستثناء
richtig (Adj)	ṣaḥīḥ	صحيح
Konjugation (f)	ṣarf (m)	صرف
Deklination (f)	taṣrīf el asmāʾ (m)	تصريف الأسماء
Kasus (m)	ḥāla esmiya (f)	حالة أسمية
Frage (f)	soʾāl (m)	سؤال
unterstreichen (vt)	ḥaṭṭ χaṭṭ taḥt	حطّ خط تحت
punktierte Linie (f)	χaṭṭ menaʾʾaṭ (m)	خطّ منقّط

98. Fremdsprachen

Sprache (f)	loɣa (f)	لغة
Fremd-	agnaby	أجنبيّ
Fremdsprache (f)	loɣa agnabiya (f)	لغة أجنبية
studieren (z.B. Jura ~)	daras	درس
lernen (Englisch ~)	taʿallam	تعلّم
lesen (vi, vt)	ʾara	قرأ
sprechen (vi, vt)	kallem	كلّم
verstehen (vt)	fehem	فهم
schreiben (vi, vt)	katab	كتب
schnell (Adv)	bosorʿa	بسرعة
langsam (Adv)	bo boṭʾ	ببطء

fließend (Adv)	beṭalāqa	بطلاقة
Regeln (pl)	qawā'ed (pl)	قواعد
Grammatik (f)	el naḥw wel ṣarf (m)	النحو والصرف
Vokabular (n)	mofradāt el loɣa (pl)	مفردات اللغة
Phonetik (f)	ṣawtīāt (pl)	صوتيات
Lehrbuch (n)	ketāb ta'līm (m)	كتاب تعليم
Wörterbuch (n)	qamūs (m)	قاموس
Selbstlernbuch (n)	ketāb ta'līm zāty (m)	كتاب تعليم ذاتي
Sprachführer (m)	ketāb lel 'ebarāt el ʃā'e'a (m)	كتاب للعبارت الشائعة
Kassette (f)	kasett (m)	كاسيت
Videokassette (f)	ʃerīṭ video (m)	شريط فيديو
CD (f)	sidī (m)	سي دي
DVD (f)	dividī (m)	دي في دي
Alphabet (n)	abgadiya (f)	أبجدية
buchstabieren (vt)	tahagga	تهجّى
Aussprache (f)	noṭ' (m)	نطق
Akzent (m)	lahga (f)	لهجة
mit Akzent	be lahga	بـ لهجة
ohne Akzent	men ɣeyr lahga	من غير لهجة
Wort (n)	kelma (f)	كلمة
Bedeutung (f)	ma'na (m)	معنى
Kurse (pl)	dawra (f)	دورة
sich einschreiben	saggel esmo	سجّل إسمه
Lehrer (m)	modarres (m)	مدرّس
Übertragung (f)	targama (f)	ترجمة
Übersetzung (f)	targama (f)	ترجمة
Übersetzer (m)	motargem (m)	مترجم
Dolmetscher (m)	motargem fawwry (m)	مترجم فوّري
Polyglott (m, f)	'alīm be'eddet loɣāt (m)	عليم بعدّة لغات
Gedächtnis (n)	zākera (f)	ذاكرة

Erholung. Unterhaltung. Reisen

99. Ausflug. Reisen

Tourismus (m)	seyāḥa (f)	سياحة
Tourist (m)	sā'eḥ (m)	سائح
Reise (f)	reḥla (f)	رحلة
Abenteuer (n)	moɣamra (f)	مغامرة
Fahrt (f)	reḥla (f)	رحلة
Urlaub (m)	agāza (f)	أجازة
auf Urlaub sein	kān fi agāza	كان في أجازة
Erholung (f)	estrāḥa (f)	إستراحة
Zug (m)	qeṭār, 'aṭṭr (m)	قطار
mit dem Zug	bel qeṭār - bel aṭṭr	بالقطار
Flugzeug (n)	ṭayāra (f)	طيّارة
mit dem Flugzeug	bel ṭayāra	بالطيّارة
mit dem Auto	bel sayāra	بالسيّارة
mit dem Schiff	bel safīna	بالسفينة
Gepäck (n)	el ʃonaṭ (pl)	الشنط
Koffer (m)	ʃanṭa (f)	شنطة
Gepäckwagen (m)	'arabet ʃonaṭ (f)	عربة شنط
Pass (m)	basbore (m)	باسبور
Visum (n)	ta'ʃīra (f)	تأشيرة
Fahrkarte (f)	tazkara (f)	تذكرة
Flugticket (n)	tazkara ṭayarān (f)	تذكرة طيران
Reiseführer (m)	dalīl (m)	دليل
Landkarte (f)	χarīṭa (f)	خريطة
Gegend (f)	mante'a (f)	منطقة
Ort (wunderbarer ~)	makān (m)	مكان
Exotika (pl)	ɣarāba (f)	غرابة
exotisch	ɣarīb	غريب
erstaunlich (Adj)	mod-heʃ	مدهش
Gruppe (f)	magmū'a (f)	مجموعة
Ausflug (m)	gawla (f)	جولة
Reiseleiter (m)	morʃed (m)	مرشد

100. Hotel

Hotel (n)	fondo' (m)	فندق
Motel (n)	motel (m)	موتيل
drei Sterne	talat nogūm	ثلاث نجوم

fünf Sterne	χamas nogūm	خمس نجوم
absteigen (vi)	nezel	نزل
Hotelzimmer (n)	oḍa (f)	أوضة
Einzelzimmer (n)	owḍa le ʃaχṣ wāḥed (f)	أوضة لشخص واحد
Zweibettzimmer (n)	oḍa le ʃaχṣeyn (f)	أوضة لشخصين
reservieren (vt)	ḥagaz owḍa	حجز أوضة
Halbpension (f)	wagbeteyn fel yome (du)	وجبتين في اليوم
Vollpension (f)	talat wagabāt fel yome	ثلاث وجبات في اليوم
mit Bad	bel banyo	بـ البانيو
mit Dusche	bel doʃ	بالدوش
Satellitenfernsehen (n)	televizion be qanawāt faḍā'iya (m)	تليفزيون بقنوات فضائية
Klimaanlage (f)	takyīf (m)	تكييف
Handtuch (n)	fūṭa (f)	فوطة
Schlüssel (m)	meftāḥ (m)	مفتاح
Verwalter (m)	modīr (m)	مدير
Zimmermädchen (n)	'āmela tandīf ɣoraf (f)	عاملة تنظيف غرف
Träger (m)	ʃayāl (m)	شيّال
Portier (m)	bawwāb (m)	بوّاب
Restaurant (n)	maṭ'am (m)	مطعم
Bar (f)	bār (m)	بار
Frühstück (n)	foṭūr (m)	فطور
Abendessen (n)	'aʃā' (m)	عشاء
Buffet (n)	bofeyh (m)	بوفيه
Foyer (n)	rad-ha (f)	ردهة
Aufzug (m), Fahrstuhl (m)	asanseyr (m)	اسانسير
BITTE NICHT STÖREN!	nargu 'adam el ez'āg	نرجو عدم الإزعاج
RAUCHEN VERBOTEN!	mamnū' el tadχīn	ممنوع التدخين

TECHNISCHES ZUBEHÖR. TRANSPORT

Technisches Zubehör

101. Computer

Computer (m)	kombuter (m)	كمبيوتر
Laptop (m), Notebook (n)	lab tob (m)	لابتوب
einschalten (vt)	fataḥ, ʃagɣal	فتح, شغّل
abstellen (vt)	ṭaffa	طفّى
Tastatur (f)	lawḥet el mafatīḥ (f)	لوحة المفاتيح
Taste (f)	meftāḥ (m)	مفتاح
Maus (f)	maws (m)	ماوس
Mousepad (n)	maws bād (m)	ماوس باد
Knopf (m)	zerr (m)	زرّ
Cursor (m)	mo'asʃer (m)	مؤشّر
Monitor (m)	ʃāʃa (f)	شاشة
Schirm (m)	ʃāʃa (f)	شاشة
Festplatte (f)	hard disk (m)	هارد ديسك
Festplattengröße (f)	se'et el hard disk (f)	سعة الهارد ديسك
Speicher (m)	zākera (f)	ذاكرة
Arbeitsspeicher (m)	zākerat el woṣūl el 'aʃwā'y (f)	ذاكرة الوصول العشوائي
Datei (f)	malaff (m)	ملفّ
Ordner (m)	ḥāfeza (m)	حافظة
öffnen (vt)	fataḥ	فتح
schließen (vt)	'afal	قفل
speichern (vt)	ḥafaẓ	حفظ
löschen (vt)	masaḥ	مسح
kopieren (vt)	nasaχ	نسخ
sortieren (vt)	ṣannaf	صنّف
transferieren (vt)	na'al	نقل
Programm (n)	barnāmeg (m)	برنامج
Software (f)	barmagīāt (pl)	برمجيّات
Programmierer (m)	mobarmeg (m)	مبرمج
programmieren (vt)	barmag	برمج
Hacker (m)	haker (m)	هاكر
Kennwort (n)	kelmet el serr (f)	كلمة السرّ
Virus (m, n)	virūs (m)	فيروس
entdecken (vt)	la'a	لقى
Byte (n)	byte (m)	بايت

Megabyte (n)	megabayt (m)	ميجا بايت
Daten (pl)	bayanāt (pl)	بيانات
Datenbank (f)	qa'edet bayanāt (f)	قاعدة بيانات
Kabel (n)	kabl (m)	كابل
trennen (vt)	faṣal	فصل
anschließen (vt)	waṣṣal	وصّل

102. Internet. E-Mail

Internet (n)	internet (m)	إنترنت
Browser (m)	motaṣaffeḥ (m)	متصفّح
Suchmaschine (f)	moḥarrek baḥs (m)	محرك بحث
Provider (m)	ʃerket el internet (f)	شركة الإنترنت
Webmaster (m)	modīr el mawqe' (m)	مدير الموقع
Website (f)	mawqe' elektrony (m)	موقع الكتروني
Webseite (f)	ṣafḥet web (f)	صفحة ويب
Adresse (f)	'enwān (m)	عنوان
Adressbuch (n)	daftar el 'anawīn (m)	دفتر العناوين
Mailbox (f)	ṣandū' el barīd (m)	صندوق البريد
Post (f)	barīd (m)	بريد
überfüllt (-er Briefkasten)	mumtali'	ممتلىء
Mitteilung (f)	resāla (f)	رسالة
eingehenden Nachrichten	rasa'el wārda (pl)	رسائل واردة
ausgehenden Nachrichten	rasa'el ṣādra (pl)	رسائل صادرة
Absender (m)	morsel (m)	مرسل
senden (vt)	arsal	أرسل
Absendung (f)	ersāl (m)	إرسال
Empfänger (m)	morsel elayh (m)	مرسل إليه
empfangen (vt)	estalam	إستلم
Briefwechsel (m)	morasla (f)	مراسلة
im Briefwechsel stehen	tarāsal	تراسل
Datei (f)	malaff (m)	ملفّ
herunterladen (vt)	ḥammel	حمّل
schaffen (vt)	'amal	عمل
löschen (vt)	masaḥ	مسح
gelöscht (Datei)	mamsūḥ	ممسوح
Verbindung (f)	etteṣāl (m)	إتّصال
Geschwindigkeit (f)	sor'a (f)	سرعة
Modem (n)	modem (m)	مودم
Zugang (m)	woṣūl (m)	وصول
Port (m)	maχrag (m)	مخرج
Anschluss (m)	etteṣāl (m)	إتّصال
sich anschließen	yuwṣel	يوصل
auswählen (vt)	eχtār	إختار
suchen (vt)	baḥs	بحث

103. Elektrizität

Elektrizität (f)	kahraba' (m)	كهرباء
elektrisch	kahrabā'y	كهربائي
Elektrizitätswerk (n)	maḥaṭṭa kahraba'iya (f)	محطّة كهربائيّة
Energie (f)	ṭāqa (f)	طاقة
Strom (m)	ṭāqa kahraba'iya (f)	طاقة كهربائيّة
Glühbirne (f)	lammba (f)	لمّبة
Taschenlampe (f)	kasʃāf el nūr (m)	كشّاف النور
Straßenlaterne (f)	'amūd el nūr (m)	عمود النور
Licht (n)	nūr (m)	نور
einschalten (vt)	fataḥ, ʃagɣal	فتح, شغّل
ausschalten (vt)	ṭaffa	طفّى
das Licht ausschalten	ṭaffa el nūr	طفّى النور
durchbrennen (vi)	etṭafa	إتّطفى
Kurzschluss (m)	dayra kahraba'iya 'aṣīra (f)	دائرة كهربائية قصيرة
Riß (m)	selk ma'ṭū' (m)	سلك مقطوع
Kontakt (m)	talāmos (m)	تلامس
Schalter (m)	meftāḥ el nūr (m)	مفتاح النور
Steckdose (f)	bareza el kaharaba' (f)	بريزة الكهرباء
Stecker (m)	fīʃet el kahraba' (f)	فيشة الكهرباء
Verlängerung (f)	selk tawṣīl (m)	سلك توصيل
Sicherung (f)	fetīl (m)	فتيل
Leitungsdraht (m)	selk (m)	سلك
Verdrahtung (f)	aslāk (pl)	أسلاك
Ampere (n)	ambere (m)	أمبير
Stromstärke (f)	ʃeddet el tayār (f)	شدّة التيّار
Volt (n)	volt (m)	فولت
Voltspannung (f)	el gohd el kaharab'y (m)	الجهد الكهربائي
Elektrogerät (n)	gehāz kahrabā'y (m)	جهاز كهربائي
Indikator (m)	mo'asʃer (m)	مؤشّر
Elektriker (m)	kahrabā'y (m)	كهربائي
löten (vt)	laḥam	لحم
Lötkolben (m)	adat laḥm (f)	إداة لحم
Strom (m)	tayār kahrabā'y (m)	تيّاركهربائي

104. Werkzeug

Werkzeug (n)	adah (f)	أداة
Werkzeuge (pl)	adawāt (pl)	أدوات
Ausrüstung (f)	mo'eddāt (pl)	معدّات
Hammer (m)	ʃakūʃ (m)	شاكوش
Schraubenzieher (m)	mefakk (m)	مفكّ
Axt (f)	fa's (m)	فأس

Säge (f)	monʃār (m)	منشار
sägen (vt)	naʃar	نشر
Hobel (m)	mesḥāg (m)	مسحاج
hobeln (vt)	saḥag	سحج
Lötkolben (m)	adat laḥm (f)	إداة لحم
löten (vt)	laḥam	لحم
Feile (f)	mabrad (m)	مبرد
Kneifzange (f)	kamʃa (f)	كمشة
Flachzange (f)	zardiya (f)	زرديّة
Stemmeisen (n)	ezmīl (m)	إزميل
Bohrer (m)	mesqāb (m)	مثقاب
Bohrmaschine (f)	drill kahrabā'y (m)	دريل كهربائي
bohren (vt)	ḥafar	حفر
Messer (n)	sekkīna (f)	سكّينة
Taschenmesser (n)	sekkīnet gīb (m)	سكّينة جيب
Klinge (f)	ʃafra (f)	شفرة
scharf (-e Messer usw.)	ḥād	حاد
stumpf	telma	تلمة
stumpf werden (vi)	kānet telma	كانت تلمة
schärfen (vt)	sann	سنّ
Bolzen (m)	mesmār 'alawoze (m)	مسمار قلاووظ
Mutter (f)	ṣamūla (f)	صامولة
Gewinde (n)	χaʃχana (f)	خشخنة
Holzschraube (f)	'alawūz (m)	قلاووظ
Nagel (m)	mesmār (m)	مسمار
Nagelkopf (m)	rās el mesmār (m)	رأس المسمار
Lineal (n)	masṭara (f)	مسطرة
Metermaß (n)	ʃerīṭ el 'eyās (m)	شريط القياس
Wasserwaage (f)	mizān el maya (m)	ميزان الميّة
Lupe (f)	'adasa mokabbera (f)	عدسة مكبّرة
Messinstrument (n)	gehāz 'eyās (m)	جهاز قياس
messen (vt)	'ās	قاس
Skala (f)	me'yās (m)	مقياس
Ablesung (f)	qerā'a (f)	قراءة
Kompressor (m)	kombressor (m)	كومبرسور
Mikroskop (n)	mikroskob (m)	ميكروسكوب
Pumpe (f)	ṭolommba (f)	طلمّبة
Roboter (m)	robot (m)	روبوت
Laser (m)	laser (m)	ليزر
Schraubenschlüssel (m)	meftāḥ rabṭ (m)	مفتاح ربط
Klebeband (n)	laz' (m)	لزق
Klebstoff (m)	ṣamɣ (m)	صمغ
Sandpapier (n)	wara' ṣanfara (m)	ورق صنفرة
Sprungfeder (f)	sosta (f)	سوستة

Magnet (m)	meɣnaṭīs (m)	مغنطيس
Handschuhe (pl)	gwanty (m)	جوانتي
Leine (f)	ḥabl (m)	حبل
Schnur (f)	selk (m)	سلك
Draht (m)	selk (m)	سلك
Kabel (n)	kabl (m)	كابل
schwerer Hammer (m)	marzaba (f)	مرزبة
Brecheisen (n)	ʿatala (f)	عتلة
Leiter (f)	sellem (m)	سلّم
Trittleiter (f)	sellem naʾāl (m)	سلّم نقال
zudrehen (vt)	aḥkam el ʃadd	أحكم الشدّ
abdrehen (vt)	fataḥ	فتح
zusammendrücken (vt)	kamaʃ	كمش
ankleben (vt)	alṣaq	ألصق
schneiden (vt)	ʾaṭaʿ	قطع
Störung (f)	ʿoṭl (m)	عطل
Reparatur (f)	taṣlīḥ (m)	تصليح
reparieren (vt)	ṣallaḥ	صلّح
einstellen (vt)	ḍabaṭ	ضبط
prüfen (vt)	exabar	إختبر
Prüfung (f)	faḥṣ (m)	فحص
Ablesung (f)	qerāʾa (f)	قراءة
sicher (zuverlässigen)	matīn	متين
kompliziert (Adj)	morakkab	مركّب
verrosten (vi)	ṣadaʾ	صدئ
rostig	meṣaddy	مصدّي
Rost (m)	ṣadaʾ (m)	صدأ

Transport

105. Flugzeug

Flugzeug (n)	ṭayāra (f)	طيّارة
Flugticket (n)	tazkara ṭayarān (f)	تذكرة طيران
Fluggesellschaft (f)	ʃerket ṭayarān (f)	شركة طيران
Flughafen (m)	maṭār (m)	مطار
Überschall-	χāreq lel ṣote	خارق للصوت
Flugkapitän (m)	kabten (m)	كابتن
Besatzung (f)	ṭa'm (m)	طقم
Pilot (m)	ṭayār (m)	طيّار
Flugbegleiterin (f)	moḍīfet ṭayarān (f)	مضيفة طيران
Steuermann (m)	mallāḥ (m)	ملاّح
Flügel (pl)	agneḥa (pl)	أجنحة
Schwanz (m)	deyl (m)	ذيل
Kabine (f)	kabīna (f)	كابينة
Motor (m)	motore (m)	موتور
Fahrgestell (n)	'agalāt el hobūṭ (pl)	عجلات الهبوط
Turbine (f)	torbīna (f)	توربينة
Propeller (m)	marwaḥa (f)	مروّحة
Flugschreiber (m)	mosaggel el ṭayarān (m)	مسجّل الطيران
Steuerrad (n)	moqawwed el ṭayāra (m)	مقوّد الطيّارة
Treibstoff (m)	woqūd (m)	وقود
Sicherheitskarte (f)	beṭā'et el salāma (f)	بطاقة السلامة
Sauerstoffmaske (f)	mask el oksyʒīn (m)	ماسك الاوكسيجين
Uniform (f)	zayī muwaḥḥad (m)	زيّ موحّد
Rettungsweste (f)	sotret nagah (f)	سترة نجاة
Fallschirm (m)	baraʃot (m)	باراشوت
Abflug, Start (m)	eqlā' (m)	إقلاع
starten (vi)	aqla'et	أقلعت
Startbahn (f)	modarrag el ṭa'erāṭ (m)	مدرّج الطائرات
Sicht (f)	ro'ya (f)	رؤية
Flug (m)	ṭayarān (m)	طيران
Höhe (f)	ertefā' (m)	إرتفاع
Luftloch (n)	geyb hawā'y (m)	جيب هوائي
Platz (m)	meq'ad (m)	مقعد
Kopfhörer (m)	samma'āt ra'siya (pl)	سمّاعات رأسية
Klapptisch (m)	ṣeniya qabela lel ṭayī (f)	صينية قابلة للطيّ
Bullauge (n)	ʃebbāk el ṭayāra (m)	شبّاك الطيّارة
Durchgang (m)	mamarr (m)	ممرّ

106. Zug

Zug (m)	qeṭār, 'aṭṭr (m)	قطار
elektrischer Zug (m)	qeṭār rokkāb (m)	قطار ركّاب
Schnellzug (m)	qeṭār saree' (m)	قطار سريع
Diesellok (f)	qāṭeret dīzel (f)	قاطرة ديزل
Dampflok (f)	qāṭera boχariya (f)	قاطرة بخاريّة
Personenwagen (m)	'araba (f)	عربة
Speisewagen (m)	'arabet el ṭa'ām (f)	عربة الطعام
Schienen (pl)	qoḍbān (pl)	قضبان
Eisenbahn (f)	sekka ḥadīdiya (f)	سكّة حديديّة
Bahnschwelle (f)	'āreḍa sekket ḥadīd (f)	عارضة سكّة الحديد
Bahnsteig (m)	raṣīf (m)	رصيف
Gleis (n)	χaṭṭ (m)	خطّ
Eisenbahnsignal (n)	semafore (m)	سيمافور
Station (f)	maḥaṭṭa (f)	محطّة
Lokomotivführer (m)	sawwā' (m)	سوّاق
Träger (m)	ʃayāl (m)	شيّال
Schaffner (m)	mas'ūl 'arabet el qeṭār (m)	مسؤول عربة القطار
Fahrgast (m)	rākeb (m)	راكب
Fahrkartenkontrolleur (m)	kamsary (m)	كمسري
Flur (m)	mamarr (m)	ممرّ
Notbremse (f)	farāmel el ṭawāre' (pl)	فرامل الطوارئ
Abteil (n)	ɣorfa (f)	غرفة
Liegeplatz (m), Schlafkoje (f)	serīr (m)	سرير
oberer Liegeplatz (m)	serīr 'olwy (m)	سرير علويّ
unterer Liegeplatz (m)	serīr sofly (m)	سرير سفلي
Bettwäsche (f)	aɣṭeyet el serīr (pl)	أغطيّة السرير
Fahrkarte (f)	tazkara (f)	تذكرة
Fahrplan (m)	gadwal (m)	جدوّل
Anzeigetafel (f)	lawḥet ma'lomāt (f)	لوحة معلومات
abfahren (der Zug)	ɣādar	غادر
Abfahrt (f)	moɣadra (f)	مغادرة
ankommen (der Zug)	weṣel	وصل
Ankunft (f)	woṣūl (m)	وصول
mit dem Zug kommen	weṣel bel qeṭār	وصل بالقطار
in den Zug einsteigen	rekeb el qeṭār	ركب القطار
aus dem Zug aussteigen	nezel men el qeṭār	نزل من القطار
Zugunglück (n)	ḥeṭām qeṭār (m)	حطام قطار
entgleisen (vi)	χarag 'an χaṭṭ sīru	خرج عن خطّ سيره
Dampflok (f)	qāṭera boχariya (f)	قاطرة بخاريّة
Heizer (m)	'aṭʃagy (m)	عطشجي
Feuerbüchse (f)	forn el moḥarrek (m)	فرن المحرّك
Kohle (f)	faḥm (m)	فحم

107. Schiff

Schiff (n)	safīna (f)	سفينة
Fahrzeug (n)	safīna (f)	سفينة
Dampfer (m)	baχera (f)	باخرة
Motorschiff (n)	baχera nahriya (f)	باخرة نهرية
Kreuzfahrtschiff (n)	safīna seyaḥiya (f)	سفينة سياحيّة
Kreuzer (m)	ṭarrād safīna baḥariya (m)	طرّاد سفينة بحريّة
Jacht (f)	yaχt (m)	يخت
Schlepper (m)	qāṭera baḥariya (f)	قاطرة بحريّة
Lastkahn (m)	ṣandal (m)	صندل
Fähre (f)	ʿabbāra (f)	عبّارة
Segelschiff (n)	safīna ʃeraʿiya (m)	سفينة شراعيّة
Brigantine (f)	markeb ʃerāʿy (m)	مركب شراعي
Eisbrecher (m)	moḥaṭṭemet galīd (f)	محطّمة جليد
U-Boot (n)	ɣawwāṣa (f)	غوّاصة
Boot (n)	markeb (m)	مركب
Dingi (n), Beiboot (n)	zawraʾ (m)	زورق
Rettungsboot (n)	qāreb nagah (m)	قارب نجاة
Motorboot (n)	lunʃ (m)	لنش
Kapitän (m)	ʾobṭān (m)	قبطان
Matrose (m)	baḥḥār (m)	بحّار
Seemann (m)	baḥḥār (m)	بحّار
Besatzung (f)	ṭāqem (m)	طاقم
Bootsmann (m)	rabbān (m)	ربّان
Schiffsjunge (m)	ṣaby el safīna (m)	صبي السفينة
Schiffskoch (m)	ṭabbāχ (m)	طبّاخ
Schiffsarzt (m)	ṭabīb el safīna (m)	طبيب السفينة
Deck (n)	saṭ-ḥ el safīna (m)	سطح السفينة
Mast (m)	sāreya (f)	سارية
Segel (n)	ʃerāʿ (m)	شراع
Schiffsraum (m)	ʿanbar (m)	عنبر
Bug (m)	moʾaddema (m)	مقدّمة
Heck (n)	moʾaχeret el safīna (f)	مؤخّرة السفينة
Ruder (n)	megdāf (m)	مجذاف
Schraube (f)	marwaḥa (f)	مروّحة
Kajüte (f)	kabīna (f)	كابينة
Messe (f)	ɣorfet el ṭaʿām wel rāḥa (f)	غرفة الطعام والراحة
Maschinenraum (m)	qesm el ʾālāt (m)	قسم الآلات
Kommandobrücke (f)	borg el qeyāda (m)	برج القيادة
Funkraum (m)	ɣorfet el lāselky (f)	غرفة اللاسلكي
Radiowelle (f)	mouga (f)	موجة
Schiffstagebuch (n)	segel el safīna (m)	سجل السفينة
Fernrohr (n)	monzār (m)	منظار
Glocke (f)	garas (m)	جرس

Fahne (f)	ʻalam (m)	علم
Seil (n)	ḥabl (m)	حبل
Knoten (m)	ʻoʼda (f)	عقدة
Geländer (n)	drabzīn saṭ-ḥ el safīna (m)	درابزين سطح السفينة
Treppe (f)	sellem (m)	سلّم
Anker (m)	marsāh (f)	مرساة
den Anker lichten	rafaʻ morsah	رفع مرساة
Anker werfen	rasa	رسا
Ankerkette (f)	selselet morsah (f)	سلسلة مرساة
Hafen (m)	mināʼ (m)	ميناء
Anlegestelle (f)	marsa (m)	مرسى
anlegen (vi)	rasa	رسا
abstoßen (vt)	aqlaʻ	أقلع
Reise (f)	reḥla (f)	رحلة
Kreuzfahrt (f)	reḥla baḥariya (f)	رحلة بحريّة
Kurs (m), Richtung (f)	masār (m)	مسار
Reiseroute (f)	ṭarīʼ (m)	طريق
Fahrwasser (n)	magra melāḥy (m)	مجرى ملاحيّ
Untiefe (f)	meyāh ḍaḥla (f)	مياه ضحلة
stranden (vi)	ganaḥ	جنح
Sturm (m)	ʻāṣefa (f)	عاصفة
Signal (n)	eʃara (f)	إشارة
untergehen (vi)	ɣereʼ	غرق
Mann über Bord!	saʼaṭ rāgil min el sefīna!	سقط راجل من السفينة!
SOS	nedāʼ eɣāsa (m)	نداء إغاثة
Rettungsring (m)	ṭoʼe nagah (m)	طوق نجاة

108. Flughafen

Flughafen (m)	maṭār (m)	مطار
Flugzeug (n)	ṭayāra (f)	طيّارة
Fluggesellschaft (f)	ʃerket ṭayarān (f)	شركة طيران
Fluglotse (m)	marākeb el ḥaraka el gawiya (m)	مراكب الحركة الجويّة
Abflug (m)	moɣadra (f)	مغادرة
Ankunft (f)	woṣūl (m)	وصول
anfliegen (vi)	weṣel	وصل
Abflugzeit (f)	waʼt el moɣadra (m)	وقت المغادرة
Ankunftszeit (f)	waʼt el woṣūl (m)	وقت الوصول
sich verspäten	taʼakχar	تأخّر
Abflugverspätung (f)	taʼaχor el reḥla (m)	تأخّر الرحلة
Anzeigetafel (f)	lawḥet el maʻlomāt (f)	لوحة المعلومات
Information (f)	esteʻlamāt (pl)	إستعلامات
ankündigen (vt)	aʻlan	أعلن

Flug (m)	reḥlet ṭayarān (f)	رحلة طيران
Zollamt (n)	gamārek (pl)	جمارك
Zollbeamter (m)	mowazzaf el gamārek (m)	موظّف الجمارك
Zolldeklaration (f)	taṣrīḥ gomroky (m)	تصريح جمركي
ausfüllen (vt)	mala	ملا
die Zollerklärung ausfüllen	mala el taṣrīḥ	ملأ التصريح
Passkontrolle (f)	taftīʃ el gawazāt (m)	تفتيش الجوازات
Gepäck (n)	el ʃonaṭ (pl)	الشنط
Handgepäck (n)	ʃonaṭ el yad (pl)	شنط اليد
Kofferkuli (m)	ʿarabet ʃonaṭ (f)	عربة شنط
Landung (f)	hobūṭ (m)	هبوط
Landebahn (f)	mamarr el hobūṭ (m)	ممرّ الهبوط
landen (vi)	habaṭ	هبط
Fluggasttreppe (f)	sellem el ṭayāra (m)	سلّم الطيّارة
Check-in (n)	tasgīl (m)	تسجيل
Check-in-Schalter (m)	makān tasgīl (m)	مكان تسجيل
sich registrieren lassen	saggel	سجّل
Bordkarte (f)	beṭāqet el rokūb (f)	بطاقة الركوب
Abfluggate (n)	bawwābet el moɣadra (f)	بوّابة المغادرة
Transit (m)	tranzīt (m)	ترانزيت
warten (vi)	estanna	إستنّى
Wartesaal (m)	ṣālet el moɣadra (f)	صالة المغادرة
begleiten (vt)	waddaʿ	ودّع
sich verabschieden	waddaʿ	ودّع

Lebensereignisse

109. Feiertage. Ereignis

Fest (n)	ʿīd (m)	عيد
Nationalfeiertag (m)	ʿīd waṭany (m)	عيد وطني
Feiertag (m)	agāza rasmiya (f)	أجازة رسميّة
feiern (vt)	eḥtafal be zekra	إحتفل بذكرى
Ereignis (n)	ḥadass (m)	حدث
Veranstaltung (f)	monasba (f)	مناسبة
Bankett (n)	walīma (f)	وليمة
Empfang (m)	ḥaflet este'bāl (f)	حفلة إستقبال
Festmahl (n)	walīma (f)	وليمة
Jahrestag (m)	zekra sanawiya (f)	ذكرى سنوية
Jubiläumsfeier (f)	yobeyl (m)	يوبيل
begehen (vt)	eḥtafal	إحتفل
Neujahr (n)	ra's el sanna (m)	رأس السنة
Frohes Neues Jahr!	koll sana wenta ṭayeb!	كلّ سنة وأنت طيّب!
Weihnachtsmann (m)	baba neweyl (m)	بابا نويل
Weihnachten (n)	ʿīd el melād (m)	عيد الميلاد
Frohe Weihnachten!	ʿīd melād saʿīd!	عيد ميلاد سعيد!
Tannenbaum (m)	ʃagaret el kresmas (f)	شجرة الكريسمس
Feuerwerk (n)	alʿāb nāriya (pl)	ألعاب ناريّة
Hochzeit (f)	faraḥ (m)	فرح
Bräutigam (m)	ʿarīs (m)	عريس
Braut (f)	ʿarūsa (f)	عروسة
einladen (vt)	ʿazam	عزم
Einladung (f)	beṭā'et daʿwa (f)	بطاقة دعوة
Gast (m)	ḍeyf (m)	ضيف
besuchen (vt)	zār	زار
Gäste empfangen	esta'bal ḍoyūf	إستقبل ضيوف
Geschenk (n)	hediya (f)	هديّة
schenken (vt)	edda	إدّى
Geschenke bekommen	estalam hadāya	إستلم هدايا
Blumenstrauß (m)	bokeyh (f)	بوكيه
Glückwunsch (m)	tahne'a (f)	تهنئة
gratulieren (vi)	hanna	هنّأ
Glückwunschkarte (f)	beṭā'et tahne'a (f)	بطاقة تهنئة
eine Karte abschicken	baʿat beṭā'et tahne'a	بعت بطاقة تهنئة
eine Karte erhalten	estalam beṭā'a tahne'a	استلم بطاقة تهنئة

Trinkspruch (m)	naχab (m)	نخب
anbieten (vt)	ḍayaf	ضيّف
Champagner (m)	ʃambania (f)	شمبانيا
sich amüsieren	estamta'	إستمتع
Fröhlichkeit (f)	bahga (f)	بهجة
Freude (f)	sa'āda (f)	سعادة
Tanz (m)	ra'ṣa (f)	رقصة
tanzen (vi, vt)	ra'aṣ	رقص
Walzer (m)	valles (m)	فالس
Tango (m)	tango (m)	تانجو

110. Bestattungen. Begräbnis

Friedhof (m)	maqbara (f)	مقبرة
Grab (n)	'abr (m)	قبر
Kreuz (n)	ṣalīb (m)	صليب
Grabstein (m)	ḥagar el ma''bara (m)	حجر المقبرة
Zaun (m)	sūr (m)	سور
Kapelle (f)	kenīsa saɣīra (f)	كنيسة صغيرة
Tod (m)	mote (m)	موت
sterben (vi)	māt	مات
Verstorbene (m)	el motawaffy (m)	المتوّفي
Trauer (f)	ḥedād (m)	حداد
begraben (vt)	dafan	دفن
Bestattungsinstitut (n)	maktab mota'ahhed el dafn (m)	مكتب متعهّد الدفن
Begräbnis (n)	ganāza (f)	جنازة
Kranz (m)	eklīl (m)	إكليل
Sarg (m)	tabūt (m)	تابوت
Katafalk (m)	na'ʃ (m)	نعش
Totenhemd (n)	kafan (m)	كفن
Trauerzug (m)	ganāza (f)	جنازة
Urne (f)	garra gana'eziya (f)	جرّة جنائزية
Krematorium (n)	maḥra'et gosas el mawta (f)	محرقة جثث الموتى
Nachruf (m)	segel el wafiāt (m)	سجل الوفيات
weinen (vi)	baka	بكى
schluchzen (vi)	nawwaḥ	نوّح

111. Krieg. Soldaten

Zug (m)	faṣīla (f)	فصيلة
Kompanie (f)	serriya (f)	سريّة
Regiment (n)	foge (m)	فوج
Armee (f)	geyʃ (m)	جيش

Division (f)	fer'a (f)	فرقة
Abteilung (f)	weḥda (f)	وحدة
Heer (n)	geyʃ (m)	جيش
Soldat (m)	gondy (m)	جنّدي
Offizier (m)	ḍābeṭ (m)	ضابط
Soldat (m)	gondy (m)	جنّدي
Feldwebel (m)	raqīb tāny (m)	رقيب تاني
Leutnant (m)	molāzem tāny (m)	ملازم تاني
Hauptmann (m)	naqīb (m)	نقيب
Major (m)	rā'ed (m)	رائد
Oberst (m)	ʿaqīd (m)	عقيد
General (m)	ʒenerāl (m)	جنرال
Matrose (m)	baḥḥār (m)	بحّار
Kapitän (m)	'obṭān (m)	قبطان
Bootsmann (m)	rabbān (m)	ربّان
Artillerist (m)	gondy fe selāḥ el madfaʿiya (m)	جنّدي في سلاح المدفعيّة
Fallschirmjäger (m)	selāḥ el maẓallāt (m)	سلاح المظلّات
Pilot (m)	ṭayār (m)	طيّار
Steuermann (m)	mallāḥ (m)	ملّاح
Mechaniker (m)	mikanīky (m)	ميكانيكي
Pionier (m)	mohandes ʿaskary (m)	مهندس عسكري
Fallschirmspringer (m)	gondy el baraʃot (m)	جنّدي الباراشوت
Aufklärer (m)	kaʃāfet el esteṭlāʿ (f)	كشّافة الإستطلاع
Scharfschütze (m)	qannāṣ (m)	قنّاص
Patrouille (f)	dawriya (f)	دوريّة
patrouillieren (vi)	'ām be dawriya	قام بدوريّة
Wache (f)	ḥāres (m)	حارس
Krieger (m)	muḥāreb (m)	محارب
Patriot (m)	waṭany (m)	وطني
Held (m)	baṭal (m)	بطل
Heldin (f)	baṭala (f)	بطلة
Verräter (m)	χāyen (m)	خاين
verraten (vt)	χān	خان
Deserteur (m)	hāreb men el gondiya (m)	هارب من الجنديّة
desertieren (vi)	farr men el geyʃ	فرّ من الجيش
Söldner (m)	ma'gūr (m)	مأجور
Rekrut (m)	gondy gedīd (m)	جنّدي جديد
Freiwillige (m)	motaṭawweʿ (m)	متطوّع
Getoetete (m)	'atīl (m)	قتيل
Verwundete (m)	garīḥ (m)	جريح
Kriegsgefangene (m)	asīr ḥarb (m)	أسير حرب

112. Krieg. Militärische Aktionen. Teil 1

Krieg (m)	ḥarb (f)	حرب
Krieg führen	ḥārab	حارب
Bürgerkrieg (m)	ḥarb ahliya (f)	حرب أهليّة
heimtückisch (Adv)	ɣadran	غدراً
Kriegserklärung (f)	e'lān ḥarb (m)	إعلان حرب
erklären (den Krieg ~)	a'lan	أعلن
Aggression (f)	'edwān (m)	عدوان
einfallen (Staat usw.)	hagam	هجم
einfallen (in ein Land ~)	eḥtall	إحتلّ
Invasoren (pl)	moḥtell (m)	محتلّ
Eroberer (m), Sieger (m)	fāteḥ (m)	فاتح
Verteidigung (f)	defā' (m)	دفاع
verteidigen (vt)	dāfa'	دافع
sich verteidigen	dāfa' 'an ...	دافع عن ...
Feind (m)	'adeww (m)	عدوّ
Gegner (m)	χeṣm (m)	خصم
Feind-	'adeww	عدوّ
Strategie (f)	estrateʒiya (f)	إستراتيجيّة
Taktik (f)	taktīk (m)	تكتيك
Befehl (m)	amr (m)	أمر
Anordnung (f)	amr (m)	أمر
befehlen (vt)	amar	أمر
Auftrag (m)	mohemma (f)	مهمّة
geheim (Adj)	serry	سرّي
Schlacht (f)	ma'raka (f)	معركة
Kampf (m)	'etāl (m)	قتال
Angriff (m)	hogūm (m)	هجوم
Sturm (m)	enqeḍāḍ (m)	إنقضاض
stürmen (vt)	enqaḍḍ	إنقضّ
Belagerung (f)	ḥeṣār (m)	حصار
Angriff (m)	hogūm (m)	هجوم
angreifen (vt)	hagam	هجم
Rückzug (m)	enseḥāb (m)	إنسحاب
sich zurückziehen	ensaḥab	إنسحب
Einkesselung (f)	eḥāṭa (f)	إحاطة
einkesseln (vt)	aḥāṭ	أحاط
Bombenangriff (m)	'aṣf (m)	قصف
eine Bombe abwerfen	asqaṭ qonbola	أسقط قنبلة
bombardieren (vt)	'aṣaf	قصف
Explosion (f)	enfegār (m)	إنفجار
Schuss (m)	ṭal'a (f)	طلقة

schießen (vt)	aṭlaq el nār	أطلق النار
Schießerei (f)	eṭlāq nār (m)	إطلاق نار
zielen auf ...	ṣawwab ʿala ...	صوّب على ...
richten (die Waffe)	ṣawwab	صوّب
treffen (ins Schwarze ~)	aṣāb el hadaf	أصاب الهدف
versenken (vt)	aɣraʾ	أغرق
Loch (im Schiffsrumpf)	soqb (m)	ثقب
versinken (Schiff)	ɣereʾ	غرق
Front (f)	gabha (f)	جبهة
Evakuierung (f)	eχlāʾ (m)	إخلاء
evakuieren (vt)	aχla	أخلى
Schützengraben (m)	χondoq (m)	خندق
Stacheldraht (m)	aslāk ʃāʾeka (pl)	أسلاك شائكة
Sperre (z.B. Panzersperre)	ḥāgez (m)	حاجز
Wachtturm (m)	borg moraʾba (m)	برج مراقبة
Lazarett (n)	mostaʃfa ʿaskary (m)	مستشفى عسكري
verwunden (vt)	garaḥ	جرح
Wunde (f)	garḥ (m)	جرح
Verwundete (m)	garīḥ (m)	جريح
verletzt sein	oṣīb bel garḥ	أصيب بالجرح
schwer (-e Verletzung)	χaṭīr	خطير

113. Krieg. Militärische Aktionen. Teil 2

Gefangenschaft (f)	asr (m)	أسر
gefangen nehmen (vt)	asar	أسر
in Gefangenschaft sein	etʾasar	أتأسر
in Gefangenschaft geraten	weʾeʿ fel asr	وقع في الأسر
Konzentrationslager (n)	moʿaskar eʿteqāl (m)	معسكر إعتقال
Kriegsgefangene (m)	asīr ḥarb (m)	أسير حرب
fliehen (vi)	hereb	هرب
verraten (vt)	χān	خان
Verräter (m)	χāyen (m)	خاين
Verrat (m)	χeyāna (f)	خيانة
erschießen (vt)	aʿdam ramyan bel roṣāṣ	أعدم رمياً بالرصاص
Erschießung (f)	eʿdām ramyan bel roṣāṣ (m)	إعدام رمياً بالرصاص
Ausrüstung (persönliche ~)	el ʿetād el ʿaskary (m)	العتاد العسكري
Schulterstück (n)	kattāfa (f)	كتافة
Gasmaske (f)	qenāʿ el ɣāz (m)	قناع الغاز
Funkgerät (n)	gehāz lāselky (m)	جهاز لاسلكي
Chiffre (f)	ʃafra (f)	شفرة
Geheimhaltung (f)	serriya (f)	سريّة
Kennwort (n)	kelmet el morūr (f)	كلمة مرور
Mine (f)	loɣz arāḍy (m)	لغم أرضي

Minen legen	lagɣam	لغّم
Minenfeld (n)	ḥaql alɣām (m)	حقل ألغام
Luftalarm (m)	enzār gawwy (m)	إنذار جوّي
Alarm (m)	enzār (m)	إنذار
Signal (n)	eʃara (f)	إشارة
Signalrakete (f)	eʃāra moḍīʾa (f)	إشارة مضيئة
Hauptquartier (n)	maqarr (m)	مقرّ
Aufklärung (f)	kaʃāfet el esteṭlāʿ (f)	كشّافة الإستطلاع
Lage (f)	ḥāla (f), waḍʿ (m)	حالة, وضع
Bericht (m)	taʾrīr (m)	تقرير
Hinterhalt (m)	kamīn (m)	كمين
Verstärkung (f)	emdadāt ʿaskariya (pl)	إمدادات عسكريّة
Zielscheibe (f)	hadaf (m)	هدف
Schießplatz (m)	arḍ eχtebār (m)	أرض إختبار
Manöver (n)	monawrāt ʿaskariya (pl)	مناورات عسكريّة
Panik (f)	zoʿr (m)	ذعر
Verwüstung (f)	damār (m)	دمار
Trümmer (pl)	ḥeṭām (pl)	حطام
zerstören (vt)	dammar	دمّر
überleben (vi)	negy	نجي
entwaffnen (vt)	garrad men el selāḥ	جرّد من السلاح
handhaben (vt)	estaʿmel	إستعمل
Stillgestanden!	entebāh!	!إنتباه
Rühren!	estareḥ!	!إسترح
Heldentat (f)	maʾsara (f)	مأثرة
Eid (m), Schwur (m)	qasam (m)	قسم
schwören (vi, vt)	aqsam	أقسم
Lohn (Orden, Medaille)	wesām (m)	وسام
auszeichnen (mit Orden)	manaḥ	منح
Medaille (f)	medalya (f)	ميدالية
Orden (m)	wesām ʿaskary (m)	وسام عسكري
Sieg (m)	enteṣār - foze (m)	إنتصار, فوز
Niederlage (f)	hazīma (f)	هزيمة
Waffenstillstand (m)	hodna (f)	هدنة
Fahne (f)	rāyet el maʿraka (f)	راية المعركة
Ruhm (m)	magd (m)	مجد
Parade (f)	mawkeb (m)	موكب
marschieren (vi)	sār	سار

114. Waffen

Waffe (f)	asleḥa (pl)	أسلحة
Schusswaffe (f)	asleḥa nāriya (pl)	أسلحة ناريّة
blanke Waffe (f)	asleḥa bayḍāʾ (pl)	أسلحة بيضاء

chemischen Waffen (pl)	asleḥa kemawiya (pl)	أسلحة كيماويّة
Kern-, Atom-	nawawy	نووي
Kernwaffe (f)	asleḥa nawawiya (pl)	أسلحة نوويّة
Bombe (f)	qonbela (f)	قنبلة
Atombombe (f)	qonbela nawawiya (f)	قنبلة نوويّة
Pistole (f)	mosaddas (m)	مسدّس
Gewehr (n)	bondoqiya (f)	بندقيّة
Maschinenpistole (f)	mosaddas rasʃāʃ (m)	مسدّس رشّاش
Maschinengewehr (n)	rasʃāʃ (m)	رشّاش
Mündung (f)	fawha (f)	فوهة
Lauf (Gewehr-)	anbūba (f)	أنبوبة
Kaliber (n)	ʿeyār (m)	عيار
Abzug (m)	zanād (m)	زناد
Visier (n)	moṣawweb (m)	مصوّب
Magazin (n)	maχzan (m)	مخزن
Kolben (m)	ʿaqab el bondoʾiya (m)	عقب البندقيّة
Handgranate (f)	qonbela yadawiya (f)	قنبلة يدويّة
Sprengstoff (m)	mawād motafaggera (pl)	مواد متفجّرة
Kugel (f)	roṣāṣa (f)	رصاصة
Patrone (f)	χarṭūʃa (f)	خرطوشة
Ladung (f)	ḥaʃwa (f)	حشوة
Munition (f)	zaχīra (f)	ذخيرة
Bomber (m)	qazefet qanābel (f)	قاذفة قنابل
Kampfflugzeug (n)	ṭayāra muqātela (f)	طيّارة مقاتلة
Hubschrauber (m)	heliokobter (m)	هليكوبتر
Flugabwehrkanone (f)	madfaʿ moḍād lel ṭaʾerāṭ (m)	مدفع مضاد للطائرات
Panzer (m)	dabbāba (f)	دبّابة
Panzerkanone (f)	madfaʿ el dabbāba (m)	مدفع الدبّابة
Artillerie (f)	madfaʿiya (f)	مدفعيّة
Kanone (f)	madfaʿ (m)	مدفع
richten (die Waffe)	ṣawwab	صوّب
Geschoß (n)	qazīfa (f)	قذيفة
Wurfgranate (f)	qonbela hawn (f)	قنبلة هاون
Granatwerfer (m)	hawn (m)	هاون
Splitter (m)	ʃazya (f)	شظية
U-Boot (n)	ɣawwāṣa (f)	غوّاصة
Torpedo (m)	ṭorbīd (m)	طوربيد
Rakete (f)	ṣarūχ (m)	صاروخ
laden (Gewehr)	ʿammar	عمّر
schießen (vi)	ḍarab bel nār	ضرب بالنار
zielen auf ...	ṣawwab ʿala ...	صوّب على ...
Bajonett (n)	ḥerba (f)	حربة
Degen (m)	seyf zu ḥaddeyn (m)	سيف ذو حدّين
Säbel (m)	seyf monḥany (m)	سيف منحني

Speer (m)	remḥ (m)	رمح
Bogen (m)	qose (m)	قوس
Pfeil (m)	sahm (m)	سهم
Muskete (f)	musket (m)	مسكيت
Armbrust (f)	qose mosta'raḍ (m)	قوس مستعرض

115. Menschen der Antike

vorzeitlich	bedā'y	بدائي
prähistorisch	ma qabl el tarīχ	ما قبل التاريخ
alt (antik)	'adīm	قديم
Steinzeit (f)	el 'aṣr el ḥagary (m)	العصر الحجري
Bronzezeit (f)	el 'aṣr el bronzy (m)	العصر البرونزي
Eiszeit (f)	el 'aṣr el galīdy (m)	العصر الجليدي
Stamm (m)	qabīla (f)	قبيلة
Kannibale (m)	'ākel loḥūm el baʃar (m)	آكل لحوم البشر
Jäger (m)	ṣayād (m)	صيّاد
jagen (vi)	eṣṭād	إصطاد
Mammut (n)	mamūθ (m)	ماموث
Höhle (f)	kahf (m)	كهف
Feuer (n)	nār (f)	نار
Lagerfeuer (n)	nār moχayem (m)	نار مخيّم
Höhlenmalerei (f)	rasm fel kahf (m)	رسم في الكهف
Werkzeug (n)	adah (f)	أداة
Speer (m)	remḥ (m)	رمح
Steinbeil (n), Steinaxt (f)	fa's ḥagary (m)	فأس حجري
Krieg führen	ḥārab	حارب
domestizieren (vt)	esta'nas	استئنس
Idol (n)	ṣanam (m)	صنم
anbeten (vt)	'abad	عبد
Aberglaube (m)	χorāfa (f)	خرافة
Brauch (m), Ritus (m)	mansak (m)	منسك
Evolution (f)	taṭawwor (m)	تطوّر
Entwicklung (f)	nomoww (m)	نموّ
Verschwinden (n)	enqerāḍ (m)	إنقراض
sich anpassen	takayaf (ma')	(تكيّف (مع
Archäologie (f)	'elm el 'āsār (m)	علم الآثار
Archäologe (m)	'ālem āsār (m)	عالم آثار
archäologisch	asary	أثري
Ausgrabungsstätte (f)	mawqe' ḥafr (m)	موّقع حفر
Ausgrabungen (pl)	tanqīb (m)	تنقيب
Fund (m)	ekteʃāf (m)	إكتشاف
Fragment (n)	'eṭ'a (f)	قطعة

116. Mittelalter

Volk (n)	ʃa'b (m)	شعب
Völker (pl)	ʃo'ūb (pl)	شعوب
Stamm (m)	qabīla (f)	قبيلة
Stämme (pl)	qabā'el (pl)	قبائل
Barbaren (pl)	el barabra (pl)	البرابرة
Gallier (pl)	el ɣaliyūn (pl)	الغاليّون
Goten (pl)	el qūṭiyūn (pl)	القوطيون
Slawen (pl)	el selāf (pl)	السلاف
Wikinger (pl)	el viking (pl)	الفايكينج
Römer (pl)	el romān (pl)	الرومان
römisch	romāny	روماني
Byzantiner (pl)	bizanṭiyūn (pl)	بيزنطيون
Byzanz (n)	bīzanṭa (f)	بيزنطة
byzantinisch	bīzanṭy	بيزنطي
Kaiser (m)	embraṭore (m)	إمبراطور
Häuptling (m)	za'īm (m)	زعيم
mächtig (Kaiser usw.)	gabbār	جبّار
König (m)	malek (m)	ملك
Herrscher (Monarch)	ḥākem (m)	حاكم
Ritter (m)	fāres (m)	فارس
Feudalherr (m)	eqṭā'y (m)	إقطاعي
feudal, Feudal-	eqṭā'y	إقطاعي
Vasall (m)	ḥākem tābe' (m)	حاكم تابع
Herzog (m)	dū' (m)	دوق
Graf (m)	earl (m)	ايرل
Baron (m)	barūn (m)	بارون
Bischof (m)	asqof (m)	أسقف
Rüstung (f)	der' (m)	درع
Schild (m)	der' (m)	درع
Schwert (n)	seyf (m)	سيف
Visier (n)	ḥaffa amamiya lel χoza (f)	حافة أماميّة للخوذة
Panzerhemd (n)	der' el zard (m)	درع الزرد
Kreuzzug (m)	ḥamla ṣalībiya (f)	حملة صليبيّة
Kreuzritter (m)	ṣalīby (m)	صليبي
Territorium (n)	arḍ (f)	أرض
einfallen (vt)	hagam	هجم
erobern (vt)	fataḥ	فتح
besetzen (Land usw.)	eḥtall	إحتلّ
Belagerung (f)	ḥeṣār (m)	حصار
belagert	moḥāṣar	محاصر
belagern (vt)	ḥāṣar	حاصر
Inquisition (f)	maḥākem el taftīʃ (pl)	محاكم التفتيش
Inquisitor (m)	mofatteʃ (m)	مفتّش

Folter (f)	ta'zīb (m)	تعذيب
grausam (-e Folter)	wahʃy	وحشي
Häretiker (m)	moharṭeq (m)	مهرطق
Häresie (f)	harṭa'a (f)	هرطقة
Seefahrt (f)	el safar bel baḥr (m)	السفر بالبحر
Seeräuber (m)	'orṣān (m)	قرصان
Seeräuberei (f)	'arṣana (f)	قرصنة
Enterung (f)	mohagmet safīna (f)	مهاجمة سفينة
Beute (f)	ɣanīma (f)	غنيمة
Schätze (pl)	konūz (pl)	كنوز
Entdeckung (f)	ekteʃāf (m)	إكتشاف
entdecken (vt)	ektaʃaf	إكتشف
Expedition (f)	be'sa (f)	بعثة
Musketier (m)	fāres (m)	فارس
Kardinal (m)	kardinal (m)	كاردينال
Heraldik (f)	ʃe'ārāt el nabāla (pl)	شعارات النبالة
heraldisch	χāṣṣ be ʃe'arāt el nebāla	خاصّ بشعارات النبالة

117. Führungspersonen. Chef. Behörden

König (m)	malek (m)	ملك
Königin (f)	maleka (f)	ملكة
königlich	malaky	ملكي
Königreich (n)	mamlaka (f)	مملكة
Prinz (m)	amīr (m)	أمير
Prinzessin (f)	amīra (f)	أميرة
Präsident (m)	ra'īs (m)	رئيس
Vizepräsident (m)	nā'eb el ra'īs (m)	نائب الرئيس
Senator (m)	'oḍw magles el ʃoyūχ (m)	عضو مجلس الشيوخ
Monarch (m)	'āhel (m)	عاهل
Herrscher (m)	ḥākem (m)	حاكم
Diktator (m)	dektatore (m)	ديكتاتور
Tyrann (m)	ṭāɣeya (f)	طاغية
Magnat (m)	ra'smāly kebīr (m)	رأسمالي كبير
Direktor (m)	modīr (m)	مدير
Chef (m)	ra'īs (m)	رئيس
Leiter (einer Abteilung)	modīr (m)	مدير
Boss (m)	ra'īs (m)	رئيس
Eigentümer (m)	ṣāḥeb (m)	صاحب
Führer (m)	za'īm (m)	زعيم
Leiter (Delegations-)	ra'īs (m)	رئيس
Behörden (pl)	solṭāt (pl)	سلطات
Vorgesetzten (pl)	ro'asā' (pl)	رؤساء
Gouverneur (m)	muḥāfeẓ (m)	محافظ
Konsul (m)	qonṣol (m)	قنصل

Diplomat (m)	deblomāsy (m)	دبلوماسي
Bürgermeister (m)	ra'īs el baladiya (m)	رئيس البلديّة
Sheriff (m)	ʃerīf (m)	شريف
Kaiser (m)	embraṭore (m)	إمبراطور
Zar (m)	qayṣar (m)	قيصر
Pharao (m)	fer'one (m)	فرعون
Khan (m)	χān (m)	خان

118. Gesetzesverstoß Verbrecher. Teil 1

Bandit (m)	qāṭe' ṭarī' (m)	قاطع طريق
Verbrechen (n)	garīma (f)	جريمة
Verbrecher (m)	mogrem (m)	مجرم
Dieb (m)	sāre' (m)	سارق
stehlen (vt)	sara'	سرق
Diebstahl (m), Stehlen (n)	ser'a (f)	سرقة
kidnappen (vt)	χaṭaf	خطف
Kidnapping (n)	χaṭf (m)	خطف
Kidnapper (m)	χāṭef (m)	خاطف
Lösegeld (n)	fedya (f)	فدية
Lösegeld verlangen	ṭalab fedya	طلب فدية
rauben (vt)	nahab	نهب
Raub (m)	nahb (m)	نهب
Räuber (m)	nahhāb (m)	نهّاب
erpressen (vt)	balṭag	بلطج
Erpresser (m)	balṭagy (m)	بلطجي
Erpressung (f)	balṭaga (f)	بلطجة
morden (vt)	'atal	قتل
Mord (m)	'atl (m)	قتل
Mörder (m)	qātel (m)	قاتل
Schuss (m)	ṭal'et nār (f)	طلقة نار
schießen (vt)	aṭlaq el nār	أطلق النار
erschießen (vt)	'atal bel roṣāṣ	قتل بالرصاص
feuern (vi)	ḍarab bel nār	ضرب بالنار
Schießerei (f)	ḍarb nār (m)	ضرب نار
Vorfall (m)	ḥādes (m)	حادث
Schlägerei (f)	χenā'a (f)	خناقة
Hilfe!	sā'idni	ساعدني!
Opfer (n)	ḍaḥiya (f)	ضحيّة
beschädigen (vt)	χarrab	خرّب
Schaden (m)	χesāra (f)	خسارة
Leiche (f)	gossa (f)	جثّة
schwer (-es Verbrechen)	χaṭīra	خطيرة
angreifen (vt)	hagam	هجم

schlagen (vt)	ḍarab	ضرب
verprügeln (vt)	ḍarab	ضرب
wegnehmen (vt)	salab	سلب
erstechen (vt)	ṭa'an ḥatta el mote	طعن حتّى الموت
verstümmeln (vt)	ʃawwah	شوّه
verwunden (vt)	garaḥ	جرح
Erpressung (f)	ebtezāz (m)	إبتزاز
erpressen (vt)	ebtazz	إبتزّ
Erpresser (m)	mobtazz (m)	مبتزّ
Schutzgelderpressung (f)	balṭaga (f)	بلطجة
Erpresser (Racketeer)	mobtazz (m)	مبتزّ
Gangster (m)	ragol 'eṣāba (m)	رجل عصابة
Mafia (f)	mafia (f)	مافيا
Taschendieb (m)	nasʃāl (m)	نشّال
Einbrecher (m)	leṣṣ beyūt (m)	لص بيوت
Schmuggel (m)	tahrīb (m)	تهريب
Schmuggler (m)	moharreb (m)	مهرّب
Fälschung (f)	tazwīr (m)	تزوير
fälschen (vt)	zawwar	زوّر
gefälscht	mozawwara	مزوّرة

119. Gesetzesbruch. Verbrecher. Teil 2

Vergewaltigung (f)	eɣteṣāb (m)	إغتصاب
vergewaltigen (vt)	eɣtaṣab	إغتصب
Gewalttäter (m)	moɣtaṣeb (m)	مغتصب
Besessene (m)	mahwūs (m)	مهووس
Prostituierte (f)	mommos (f)	مومّس
Prostitution (f)	da'āra (f)	دعارة
Zuhälter (m)	qawwād (m)	قوّاد
Drogenabhängiger (m)	modmen moχaddarāt (m)	مدمن مخدّرات
Drogenhändler (m)	tāger moχaddarāt (m)	تاجر مخدّرات
sprengen (vt)	faggar	فجّر
Explosion (f)	enfegār (m)	إنفجار
in Brand stecken	aʃ'al el nār	أشعل النار
Brandstifter (m)	moʃ'el ḥarīq 'an 'amd (m)	مشعل حريق عن عمد
Terrorismus (m)	erhāb (m)	إرهاب
Terrorist (m)	erhāby (m)	إرهابي
Geisel (m, f)	rahīna (m)	رهينة
betrügen (vt)	eḥtāl	إحتال
Betrug (m)	eḥteyāl (m)	إحتيال
Betrüger (m)	moḥtāl (m)	محتال
bestechen (vt)	raʃa	رشا
Bestechlichkeit (f)	erteʃā' (m)	إرتشاء

Bestechungsgeld (n)	raʃwa (f)	رشوة
Gift (n)	semm (m)	سم
vergiften (vt)	sammem	سمّم
sich vergiften	sammem nafsoh	سمّم نفسه
Selbstmord (m)	enteḥār (m)	إنتحار
Selbstmörder (m)	montaḥer (m)	منتحر
drohen (vi)	hadded	هدّد
Drohung (f)	tahdīd (m)	تهديد
versuchen (vt)	ḥāwel eɣteyāl	حاول إغتيال
Attentat (n)	moḥawlet eɣteyāl (f)	محاولة إغتيال
stehlen (Auto ~)	sara'	سرق
entführen (Flugzeug ~)	eχtaṭaf	إختطف
Rache (f)	enteqām (m)	إنتقام
sich rächen	entaqam	إنتقم
foltern (vt)	'azzeb	عذّب
Folter (f)	ta'zīb (m)	تعذيب
quälen (vt)	'azzeb	عذّب
Seeräuber (m)	'orṣān (m)	قرصان
Rowdy (m)	wabaʃ (m)	وبش
bewaffnet	mosallaḥ	مسلّح
Gewalt (f)	'onf (m)	عنف
ungesetzlich	meʃ qanūniy	مش قانونيّ
Spionage (f)	tagassas (m)	تجسّس
spionieren (vi)	tagassas	تجسّس

120. Polizei Recht. Teil 1

Justiz (f)	qaḍā' (m)	قضاء
Gericht (n)	maḥkama (f)	محكمة
Richter (m)	qāḍy (m)	قاضي
Geschworenen (pl)	moḥallafīn (pl)	محلّفين
Geschworenengericht (n)	qaḍā' el muḥallafīn (m)	قضاء المحلّفين
richten (vt)	ḥakam	حكم
Rechtsanwalt (m)	muḥāmy (m)	محامي
Angeklagte (m)	modda'y 'aleyh (m)	مدّعي عليه
Anklagebank (f)	'afaṣ el ettehām (m)	قفص الإتّهام
Anklage (f)	ettehām (m)	إتّهام
Beschuldigte (m)	mottaham (m)	متّهم
Urteil (n)	ḥokm (m)	حكم
verurteilen (vt)	ḥakam	حكم
Schuldige (m)	gāny (m)	جاني
bestrafen (vt)	'āqab	عاقب

Strafe (f)	ʿeqāb (m)	عقاب
Geldstrafe (f)	ɣarāma (f)	غرامة
lebenslange Haft (f)	segn mada el ḥayah (m)	سجن مدى الحياة
Todesstrafe (f)	ʿoqūbet ʾeʿdām (f)	عقوبة إعدام
elektrischer Stuhl (m)	el korsy el kaharabāʾy (m)	الكرسي الكهربائي
Galgen (m)	maʃnaʾa (f)	مشنقة
hinrichten (vt)	aʿdam	أعدم
Hinrichtung (f)	eʿdām (m)	إعدام
Gefängnis (n)	segn (m)	سجن
Zelle (f)	zenzāna (f)	زنزانة
Eskorte (f)	ḥerāsa (f)	حراسة
Gefängniswärter (m)	ḥāres segn (m)	حارس سجن
Gefangene (m)	sagīn (m)	سجين
Handschellen (pl)	kalabʃāt (pl)	كلابشات
Handschellen anlegen	kalbeʃ	كلبش
Ausbruch (Flucht)	horūb men el segn (m)	هروب من السجن
ausbrechen (vi)	hereb	هرب
verschwinden (vi)	eχtafa	إختفى
aus ... entlassen	aχla sabīl	أخلى سبيل
Amnestie (f)	ʿafw ʿām (m)	عفو عام
Polizei (f)	ʃorṭa (f)	شرطة
Polizist (m)	ʃorṭy (m)	شرطي
Polizeiwache (f)	qesm ʃorṭa (m)	قسم شرطة
Gummiknüppel (m)	ʿaṣāya maṭṭāṭiya (f)	عصاية مطّاطية
Sprachrohr (n)	būʾ (m)	بوق
Streifenwagen (m)	ʿarabiyet dawrīāt (f)	عربيّة دوريات
Sirene (f)	sarīna (f)	سرينة
die Sirene einschalten	wallaʿ el sarīna	ولّع السرينة
Sirenengeheul (n)	ṣote sarīna (m)	صوت سرينة
Tatort (m)	masraḥ el garīma (m)	مسرح الجريمة
Zeuge (m)	ʃāhed (m)	شاهد
Freiheit (f)	ḥorriya (f)	حرّيّة
Komplize (m)	ʃerīk fel garīma (m)	شريك في الجريمة
verschwinden (vi)	hereb	هرب
Spur (f)	asar (m)	أثر

121. Polizei. Recht. Teil 2

Fahndung (f)	baḥs (m)	بحث
suchen (vt)	dawwar ʿala	دوّر على
Verdacht (m)	ʃobha (f)	شبهة
verdächtig (Adj)	maʃbūh	مشبوه
anhalten (Polizei)	awqaf	أوقّف
verhaften (vt)	eʿtaqal	إعتقل
Fall (m), Klage (f)	ʾaḍiya (f)	قضيّة
Untersuchung (f)	taḥʾīʾ (m)	تحقيق

Detektiv (m)	moḥaqqeq (m)	محقّق
Ermittlungsrichter (m)	mofatteʃ (m)	مفتّش
Version (f)	rewāya (f)	رواية
Motiv (n)	dāfeʿ (m)	دافع
Verhör (n)	estegwāb (m)	إستجواب
verhören (vt)	estagweb	إستجوّب
vernehmen (vt)	estanṭaʾ	إستنطق
Kontrolle (Personen-)	faḥṣ (m)	فحص
Razzia (f)	gamʿ (m)	جمع
Durchsuchung (f)	taftīʃ (m)	تفتيش
Verfolgung (f)	moṭarda (f)	مطاردة
nachjagen (vi)	ṭārad	طارد
verfolgen (vt)	tatabbaʿ	تتبّع
Verhaftung (f)	eʿteqāl (m)	إعتقال
verhaften (vt)	eʿtaqal	اعتقل
fangen (vt)	ʾabaḍ ʿala	قبض على
Festnahme (f)	ʾabḍ (m)	قبض
Dokument (n)	wasīqa (f)	وثيقة
Beweis (m)	dalīl (m)	دليل
beweisen (vt)	asbat	أثبت
Fußspur (f)	baṣma (f)	بصّمة
Fingerabdrücke (pl)	baṣamāt el aṣābeʿ (pl)	بصمات الأصابع
Beweisstück (n)	ʾeṭʿa men el adella (f)	قطعة من الأدلّة
Alibi (n)	ḥegget ɣeyāb (f)	حجّة غياب
unschuldig	barīʾ	بريء
Ungerechtigkeit (f)	ẓolm (m)	ظلم
ungerecht	meʃ ʿādel	مش عادل
Kriminal-	mogrem	مجرم
beschlagnahmen (vt)	ṣādar	صادر
Droge (f)	moxaddarāt (pl)	مخدّرات
Waffe (f)	selāḥ (m)	سلاح
entwaffnen (vt)	garrad men el selāḥ	جرّد من السلاح
befehlen (vt)	amar	أمر
verschwinden (vi)	extafa	إختفى
Gesetz (n)	qanūn (m)	قانون
gesetzlich	qanūny	قانوني
ungesetzlich	meʃ qanūny	مش قانوني
Verantwortlichkeit (f)	masʾoliya (f)	مسؤوليّة
verantwortlich	masʾūl (m)	مسؤول

NATUR

Die Erde. Teil 1

122. Weltall

Kosmos (m)	faḍā' (m)	فضاء
kosmisch, Raum-	faḍā'y	فضائي
Weltraum (m)	el faḍā' el χāregy (m)	الفضاء الخارجي
All (n)	ʿālam (m)	عالم
Universum (n)	el kōn (m)	الكون
Galaxie (f)	el magarra (f)	المجرّة
Stern (m)	negm (m)	نجم
Gestirn (n)	borg (m)	برج
Planet (m)	kawwkab (m)	كوكب
Satellit (m)	'amar ṣenāʿy (m)	قمر صناعي
Meteorit (m)	nayzek (m)	نيزك
Komet (m)	mozannab (m)	مذنّب
Asteroid (m)	kowaykeb (m)	كويكب
Umlaufbahn (f)	madār (m)	مدار
sich drehen	dār	دار
Atmosphäre (f)	el ɣelāf el gawwy (m)	الغلاف الجوّي
Sonne (f)	el ʃams (f)	الشمس
Sonnensystem (n)	el magmūʿa el ʃamsiya (f)	المجموعة الشمسيّة
Sonnenfinsternis (f)	kosūf el ʃams (m)	كسوف الشمس
Erde (f)	el arḍ (f)	الأرض
Mond (m)	el 'amar (m)	القمر
Mars (m)	el marrīχ (m)	المرّيخ
Venus (f)	el zahra (f)	الزهرة
Jupiter (m)	el moʃtary (m)	المشتري
Saturn (m)	zoḥḥol (m)	زحل
Merkur (m)	ʿaṭāred (m)	عطارد
Uran (m)	uranus (m)	اورانوس
Neptun (m)	nibtūn (m)	نبتون
Pluto (m)	bluto (m)	بلوتو
Milchstraße (f)	darb el tebbāna (m)	درب التبّانة
Der Große Bär	el dobb el akbar (m)	الدب الأكبر
Polarstern (m)	negm el 'oṭb (m)	نجم القطب
Marsbewohner (m)	sāken el marrīχ (m)	ساكن المرّيخ
Außerirdischer (m)	faḍā'y (m)	فضائي

außerirdisches Wesen (n)	kā'en faḍā'y (m)	كائن فضائي
fliegende Untertasse (f)	ṭaba' ṭā'er (m)	طبق طائر
Raumschiff (n)	markaba faḍa'iya (f)	مركبة فضائية
Raumstation (f)	maḥaṭṭet faḍā' (f)	محطّة فضاء
Raketenstart (m)	enṭelāq (m)	إنطلاق
Triebwerk (n)	motore (m)	موتور
Düse (f)	manfaθ (m)	منفث
Treibstoff (m)	woqūd (m)	وقود
Kabine (f)	kabīna (f)	كابينة
Antenne (f)	hawā'y (m)	هوائي
Bullauge (n)	kowwa mostadīra (f)	كوّة مستديرة
Sonnenbatterie (f)	lawḥa ʃamsiya (f)	لوحة شمسيّة
Raumanzug (m)	badlet el faḍā' (f)	بدّلة الفضاء
Schwerelosigkeit (f)	en'edām wazn (m)	إنعدام الوزن
Sauerstoff (m)	oksiʒīn (m)	أوكسجين
Ankopplung (f)	rasw (m)	رسو
koppeln (vi)	rasa	رسى
Observatorium (n)	marṣad (m)	مرصد
Teleskop (n)	teleskop (m)	تلسكوب
beobachten (vt)	rāqab	راقب
erforschen (vt)	estakʃef	إستكشف

123. Die Erde

Erde (f)	el arḍ (f)	الأرض
Erdkugel (f)	el kora el arḍiya (f)	الكرة الأرضيّة
Planet (m)	kawwkab (m)	كوكب
Atmosphäre (f)	el ɣelāf el gawwy (m)	الغلاف الجوّي
Geographie (f)	goɣrafia (f)	جغرافيا
Natur (f)	ṭabee'a (f)	طبيعة
Globus (m)	namūzag lel kora el arḍiya (m)	نموذج للكرة الأرضيّة
Landkarte (f)	χarīṭa (f)	خريطة
Atlas (m)	aṭlas (m)	أطلس
Europa (n)	orobba (f)	أوروبّا
Asien (n)	asya (f)	آسيا
Afrika (n)	afreqia (f)	أفريقيا
Australien (n)	ostorālya (f)	أستراليا
Amerika (n)	amrīka (f)	أمريكا
Nordamerika (n)	amrīka el ʃamaliya (f)	أمريكا الشماليّة
Südamerika (n)	amrīka el ganūbiya (f)	أمريكا الجنوبيّة
Antarktis (f)	el qoṭb el ganūby (m)	القطب الجنوبي
Arktis (f)	el qoṭb el ʃamāly (m)	القطب الشمالي

124. Himmelsrichtungen

Norden (m)	ʃemāl (m)	شمال
nach Norden	lel ʃamāl	للشمال
im Norden	fel ʃamāl	في الشمال
nördlich	ʃamāly	شمالي
Süden (m)	ganūb (m)	جنوب
nach Süden	lel ganūb	للجنوب
im Süden	fel ganūb	في الجنوب
südlich	ganūby	جنوبي
Westen (m)	ɣarb (m)	غرب
nach Westen	lel ɣarb	للغرب
im Westen	fel ɣarb	في الغرب
westlich, West-	ɣarby	غربي
Osten (m)	ʃar' (m)	شرق
nach Osten	lel ʃar'	للشرق
im Osten	fel ʃar'	في الشرق
östlich	ʃar'y	شرقي

125. Meer. Ozean

Meer (n), See (f)	baḥr (m)	بحر
Ozean (m)	moḥīṭ (m)	محيط
Golf (m)	χalīg (m)	خليج
Meerenge (f)	maḍīq (m)	مضيق
Festland (n)	barr (m)	برّ
Kontinent (m)	qārra (f)	قارّة
Insel (f)	gezīra (f)	جزيرة
Halbinsel (f)	ʃebh gezeyra (f)	شبه جزيرة
Archipel (m)	magmū'et gozor (f)	مجموعة جزر
Bucht (f)	χalīg (m)	خليج
Hafen (m)	minā' (m)	ميناء
Lagune (f)	lagūn (m)	لاجون
Kap (n)	ra's (m)	رأس
Atoll (n)	gezīra morganiya estwa'iya (f)	جزيرة مرجانيةّ إستوائيّة
Riff (n)	ʃo'āb (pl)	شعاب
Koralle (f)	morgān (m)	مرجان
Korallenriff (n)	ʃo'āb morganiya (pl)	شعاب مرجانية
tief (Adj)	'amīq	عميق
Tiefe (f)	'omq (m)	عمق
Abgrund (m)	el 'omq el saḥīq (m)	العمق السحيق
Graben (m)	χondoq (m)	خندق
Strom (m)	tayār (m)	تيّار
umspülen (vt)	ḥāṭ	حاط
Ufer (n)	sāḥel (m)	ساحل

Küste (f)	sāḥel (m)	ساحل
Flut (f)	tayār (m)	تيّار
Ebbe (f)	gozor (m)	جزر
Sandbank (f)	meyāh ḍaḥla (f)	مياه ضحلة
Boden (m)	qā' (m)	قاع
Welle (f)	mouga (f)	موجة
Wellenkamm (m)	qemma (f)	قمّة
Schaum (m)	zabad el baḥr (m)	زبد البحر
Sturm (m)	'āṣefa (f)	عاصفة
Orkan (m)	e'ṣār (m)	إعصار
Tsunami (m)	tsunāmy (m)	تسونامي
Windstille (f)	hodū' (m)	هدوء
ruhig	hady	هادئ
Pol (m)	'oṭb (m)	قطب
Polar-	'oṭby	قطبي
Breite (f)	'arḍ (m)	عرض
Länge (f)	xaṭṭ ṭūl (m)	خطّ طول
Breitenkreis (m)	motawāz (m)	متواز
Äquator (m)	xaṭṭ el estewā' (m)	خطّ الإستواء
Himmel (m)	samā' (f)	سماء
Horizont (m)	ofoq (m)	أفق
Luft (f)	hawā' (m)	هواء
Leuchtturm (m)	manāra (f)	منارة
tauchen (vi)	ɣāṣ	غاص
versinken (vi)	ɣere'	غرق
Schätze (pl)	konūz (pl)	كنوز

126. Namen der Meere und Ozeane

Atlantischer Ozean (m)	el moḥeyṭ el aṭlanṭy (m)	المحيط الأطلنطي
Indischer Ozean (m)	el moḥeyṭ el hendy (m)	المحيط الهندي
Pazifischer Ozean (m)	el moḥeyṭ el hādy (m)	المحيط الهادي
Arktischer Ozean (m)	el moḥeyṭ el motagammed el ʃamāly (m)	المحيط المتجمّد الشمالي
Schwarzes Meer (n)	el baḥr el aswad (m)	البحر الأسود
Rotes Meer (n)	el baḥr el aḥmar (m)	البحر الأحمر
Gelbes Meer (n)	el baḥr el aṣfar (m)	البحر الأصفر
Weißes Meer (n)	el baḥr el abyaḍ (m)	البحر الأبيض
Kaspisches Meer (n)	baḥr qazwīn (m)	بحر قزوين
Totes Meer (n)	el baḥr el mayet (m)	البحر الميّت
Mittelmeer (n)	el baḥr el abyaḍ el motawasseṭ (m)	البحر الأبيض المتوسّط
Ägäisches Meer (n)	baḥr eygah (m)	بحر إيجة
Adriatisches Meer (n)	el baḥr el adreyatīky (m)	البحر الأدرياتيكي
Arabisches Meer (n)	baḥr el 'arab (m)	بحر العرب

Japanisches Meer (n)	baḥr el yabān (m)	بحر اليابان
Beringmeer (n)	baḥr bering (m)	بحر بيرينغ
Südchinesisches Meer (n)	baḥr el ṣeyn el ganūby (m)	بحر الصين الجنوبي
Korallenmeer (n)	baḥr el morgān (m)	بحر المرجان
Tasmansee (f)	baḥr tazman (m)	بحر تسمان
Karibisches Meer (n)	el baḥr el karību (m)	البحر الكاريبي
Barentssee (f)	baḥr barents (m)	بحر بارنتس
Karasee (f)	baḥr kara (m)	بحر كارا
Nordsee (f)	baḥr el ʃamāl (m)	بحر الشمال
Ostsee (f)	baḥr el balṭīq (m)	بحر البلطيق
Nordmeer (n)	baḥr el nerwīg (m)	بحر النرويج

127. Berge

Berg (m)	gabal (m)	جبل
Gebirgskette (f)	selselet gebāl (f)	سلسلة جبال
Bergrücken (m)	notū' el gabal (m)	نتوء الجبل
Gipfel (m)	qemma (f)	قمّة
Spitze (f)	qemma (f)	قمّة
Bergfuß (m)	asfal (m)	أسفل
Abhang (m)	monḥadar (m)	منحدر
Vulkan (m)	borkān (m)	بركان
tätiger Vulkan (m)	borkān naʃeṭ (m)	بركان نشط
schlafender Vulkan (m)	borkān χāmed (m)	بركان خامد
Ausbruch (m)	sawarān (m)	ثوّران
Krater (m)	fawhet el borkān (f)	فوهة البركان
Magma (n)	magma (f)	ماجما
Lava (f)	ḥomam borkāniya (pl)	حمم بركانية
glühend heiß (-e Lava)	monṣahera	منصهرة
Cañon (m)	wādy ḍaye' (m)	وادي ضيّق
Schlucht (f)	mamarr ḍaye' (m)	ممرّ ضيّق
Spalte (f)	ʃa'' (m)	شقّ
Abgrund (m) (steiler ~)	hāwya (f)	هاوية
Gebirgspass (m)	mamarr gabaly (m)	ممرّ جبلي
Plateau (n)	haḍaba (f)	هضبة
Fels (m)	garf (m)	جرف
Hügel (m)	tall (m)	تلّ
Gletscher (m)	nahr galīdy (m)	نهر جليدي
Wasserfall (m)	ʃallāl (m)	شلّال
Geiser (m)	nab' maya ḥāra (m)	نبع ميّة حارة
See (m)	boḥeyra (f)	بحيرة
Ebene (f)	sahl (m)	سهل
Landschaft (f)	manzar ṭabee'y (m)	منظر طبيعي
Echo (n)	ṣada (m)	صدى

Bergsteiger (m)	motasalleq el gebāl (m)	متسلّق الجبال
Kletterer (m)	motasalleq ṣoχūr (m)	متسلّق صخور
bezwingen (vt)	taɣallab ʻala	تغلّب على
Aufstieg (m)	tasalloq (m)	تسلّق

128. Namen der Berge

Alpen (pl)	gebāl el alb (pl)	جبال الألب
Montblanc (m)	mōn blōn (m)	مون بلون
Pyrenäen (pl)	gebāl el barānes (pl)	جبال البرانس
Karpaten (pl)	gebāl el karbāt (pl)	جبال الكاربات
Uralgebirge (n)	gebāl el urāl (pl)	جبال الأورال
Kaukasus (m)	gebāl el qoqāz (pl)	جبال القوقاز
Elbrus (m)	gabal elbrus (m)	جبل إلبروس
Altai (m)	gebāl altāy (pl)	جبال ألتاي
Tian Shan (m)	gebāl tian ʃan (pl)	جبال تيان شان
Pamir (m)	gebāl bamir (pl)	جبال بامير
Himalaja (m)	himalāya (pl)	هيمالايا
Everest (m)	gabal everest (m)	جبل افرست
Anden (pl)	gebāl el andīz (pl)	جبال الأنديز
Kilimandscharo (m)	gabal kilimanʒaro (m)	جبل كليمنجارو

129. Flüsse

Fluss (m)	nahr (m)	نهر
Quelle (f)	ʻeyn (m)	عين
Flussbett (n)	magra el nahr (m)	مجرى النهر
Stromgebiet (n)	ḥoḍe (m)	حوض
einmünden in …	ṣabb fe …	صبّ في...
Nebenfluss (m)	rāfed (m)	رافد
Ufer (n)	ḍaffa (f)	ضفّة
Strom (m)	tayār (m)	تيّار
stromabwärts	maʻ ettigāh magra el nahr	مع إتّجاه مجرى النهر
stromaufwärts	ḍed el tayār	ضد التيار
Überschwemmung (f)	ɣamr (m)	غمر
Hochwasser (n)	fayaḍān (m)	فيضان
aus den Ufern treten	fāḍ	فاض
überfluten (vt)	ɣamar	غمر
Sandbank (f)	meyāh ḍaḥla (f)	مياه ضحلة
Stromschnelle (f)	monḥadar el nahr (m)	منحدر النهر
Damm (m)	sadd (m)	سدّ
Kanal (m)	qanah (f)	قناة
Stausee (m)	χazzān māʼy (m)	خزّان مائي
Schleuse (f)	bawwāba qanṭara (f)	بوّابة قنطرة

Gewässer (n)	berka (f)	بركة
Sumpf (m), Moor (n)	mostanqa' (m)	مستنقع
Marsch (f)	mostanqa' (m)	مستنقع
Strudel (m)	dawwāma (f)	دوّامة
Bach (m)	gadwal (m)	جدوّل
Trink- (z.B. Trinkwasser)	el ʃorb	الشرب
Süß- (Wasser)	'azb	عذب
Eis (n)	galīd (m)	جليد
zufrieren (vi)	etgammed	إتجمّد

130. Namen der Flüsse

Seine (f)	el seyn (m)	السين
Loire (f)	el lua:r (m)	اللوار
Themse (f)	el teymz (m)	التيمز
Rhein (m)	el rayn (m)	الراين
Donau (f)	el danūb (m)	الدانوب
Wolga (f)	el volga (m)	الفولغا
Don (m)	el done (m)	الدون
Lena (f)	lena (m)	لينا
Gelber Fluss (m)	el nahr el aṣfar (m)	النهر الأصفر
Jangtse (m)	el yangesty (m)	اليانغستي
Mekong (m)	el mekong (m)	الميكونغ
Ganges (m)	el ɣang (m)	الغانج
Nil (m)	el nīl (m)	النيل
Kongo (m)	el kongo (m)	الكونغو
Okavango (m)	okavango (m)	أوكافانجو
Sambesi (m)	el zambizi (m)	الزمبيزي
Limpopo (m)	limbobo (m)	ليمبوبو
Mississippi (m)	el mississibbi (m)	الميسيسيبي

131. Wald

Wald (m)	ɣāba (f)	غابة
Wald-	ɣāba	غابة
Dickicht (n)	ɣāba kasīfa (f)	غابة كثيفة
Gehölz (n)	bostān (m)	بستان
Lichtung (f)	ezālet el ɣābāt (f)	إزالة الغابات
Dickicht (n)	agama (f)	أجمة
Gebüsch (n)	arāḍy el ʃogayrāt (pl)	أراضي الشجيرات
Fußweg (m)	mamarr (m)	ممرّ
Erosionsrinne (f)	wādy ḍaye' (m)	وادي ضيّق
Baum (m)	ʃagara (f)	شجرة

Blatt (n)	wara'a (f)	ورقة
Laub (n)	wara' (m)	ورق
Laubfall (m)	tasā'oṭ el awrā' (m)	تساقط الأوراق
fallen (Blätter)	saqaṭ	سقط
Wipfel (m)	ra's (m)	رأس
Zweig (m)	ɣoṣn (m)	غصن
Ast (m)	ɣoṣn ra'īsy (m)	غصن رئيسي
Knospe (f)	bor'om (m)	برعم
Nadel (f)	ʃawka (f)	شوكة
Zapfen (m)	kūz el ṣnowbar (m)	كوز الصنوبر
Höhlung (f)	gofe (m)	جوف
Nest (n)	'eʃ (m)	عشّ
Höhle (f)	goḥr (m)	جحر
Stamm (m)	gez' (m)	جذع
Wurzel (f)	gezr (m)	جذر
Rinde (f)	leḥā' (m)	لحاء
Moos (n)	ṭaḥlab (m)	طحلب
entwurzeln (vt)	eqtala'	إقتلع
fällen (vt)	'aṭṭa'	قطّع
abholzen (vt)	azāl el ɣabāt	أزال الغابات
Baumstumpf (m)	gez' el ʃagara (m)	جذع الشجرة
Lagerfeuer (n)	nār moχayem (m)	نار مخيّم
Waldbrand (m)	ḥarī' ɣāba (m)	حريق غابة
löschen (vt)	ṭaffa	طفّى
Förster (m)	ḥāres el ɣāba (m)	حارس الغابة
Schutz (m)	ḥemāya (f)	حماية
beschützen (vt)	ḥama	حمى
Wilddieb (m)	sāre' el ṣeyd (m)	سارق الصيد
Falle (f)	maṣyada (f)	مصيّدة
sammeln, pflücken (vt)	gamma'	جمّع
sich verirren	tāh	تاه

132. natürliche Lebensgrundlagen

Naturressourcen (pl)	sarawāt ṭabi'iya (pl)	ثروات طبيعيّة
Bodenschätze (pl)	ma'āden (pl)	معادن
Vorkommen (n)	rawāseb (pl)	رواسب
Feld (Ölfeld usw.)	ḥaql (m)	حقل
gewinnen (vt)	estaχrag	إستخرج
Gewinnung (f)	esteχrāg (m)	إستخراج
Erz (n)	χām (m)	خام
Bergwerk (n)	mangam (m)	منجم
Schacht (m)	mangam (m)	منجم
Bergarbeiter (m)	'āmel mangam (m)	عامل منجم
Erdgas (n)	ɣāz (m)	غاز

Gasleitung (f)	χaṭṭ anabīb γāz (m)	خطّ أنابيب غاز
Erdöl (n)	nafṭ (m)	نفط
Erdölleitung (f)	anabīb el nafṭ (pl)	أنابيب النفط
Ölquelle (f)	bīr el nafṭ (m)	بير النفط
Bohrturm (m)	ḥaffāra (f)	حفّارة
Tanker (m)	nāqelet betrūl (f)	ناقلة بترول
Sand (m)	raml (m)	رمل
Kalkstein (m)	ḥagar el kals (m)	حجر الكلس
Kies (m)	ḥaṣa (m)	حصى
Torf (m)	χaθ faḥm nabāty (m)	خث فحم نباتي
Ton (m)	ṭīn (m)	طين
Kohle (f)	faḥm (m)	فحم
Eisen (n)	ḥadīd (m)	حديد
Gold (n)	dahab (m)	ذهب
Silber (n)	faḍḍa (f)	فضّة
Nickel (n)	nikel (m)	نيكل
Kupfer (n)	neḥās (m)	نحاس
Zink (n)	zink (m)	زنك
Mangan (n)	manganīz (m)	منجنيز
Quecksilber (n)	zeʾbaq (m)	زئبق
Blei (n)	roṣāṣ (m)	رصاص
Mineral (n)	maʿdan (m)	معدن
Kristall (m)	kristāl (m)	كريستال
Marmor (m)	roχām (m)	رخام
Uran (n)	yuranuim (m)	يورانيوم

Die Erde. Teil 2

133. Wetter

Wetter (n)	ṭa'ʾs (m)	طقس
Wetterbericht (m)	naʃra gawiya (f)	نشرة جويّة
Temperatur (f)	ḥarāra (f)	حرارة
Thermometer (n)	termometr (m)	ترمومتر
Barometer (n)	barometr (m)	بارومتر
feucht	roṭob	رطب
Feuchtigkeit (f)	roṭūba (f)	رطوبة
Hitze (f)	ḥarāra (f)	حرارة
glutheiß	ḥarr	حارّ
ist heiß	el gaww ḥarr	الجوّ حرّ
ist warm	el gaww dafa	الجوّ دفا
warm (Adj)	dāfeʾ	دافئ
ist kalt	el gaww bāred	الجوّ بارد
kalt (Adj)	bāred	بارد
Sonne (f)	ʃams (f)	شمس
scheinen (vi)	nawwar	نوّر
sonnig (Adj)	moʃmes	مشمس
aufgehen (vi)	ʃaraʾ	شرق
untergehen (vi)	ɣarab	غرب
Wolke (f)	saḥāba (f)	سحابة
bewölkt, wolkig	meɣayem	مغيّم
Regenwolke (f)	saḥābet maṭar (f)	سحابة مطر
trüb (-er Tag)	meɣayem	مغيّم
Regen (m)	maṭar (m)	مطر
Es regnet	el donia betmaṭṭar	الدنيا بتمطّر
regnerisch (-er Tag)	momṭer	ممطر
nieseln (vi)	maṭṭaret razāz	مطّرت رذاذ
strömender Regen (m)	maṭar monhamer (f)	مطر منهمر
Regenschauer (m)	maṭar ɣazīr (m)	مطر غزير
stark (-er Regen)	ʃedīd	شديد
Pfütze (f)	berka (f)	بركة
nass werden (vi)	ettbal	إتّبل
Nebel (m)	ʃabbūra (f)	شبّورة
neblig (-er Tag)	fih ʃabbūra	فيه شبّورة
Schnee (m)	talg (m)	ثلج
Es schneit	fih talg	فيه ثلج

134. Unwetter Naturkatastrophen

Gewitter (n)	'āṣefa ra'diya (f)	عاصفة رعدية
Blitz (m)	bar' (m)	برق
blitzen (vi)	baraq	برق
Donner (m)	ra'd (m)	رعد
donnern (vi)	dawa	دوّى
Es donnert	el samā' dawat ra'd (f)	السماء دوّت رعد
Hagel (m)	maṭar bard (m)	مطر برد
Es hagelt	maṭṭaret bard	مطّرت برد
überfluten (vt)	ɣamar	غمر
Überschwemmung (f)	fayaḍān (m)	فيضان
Erdbeben (n)	zelzāl (m)	زلزال
Erschütterung (f)	hazza arḍiya (f)	هزّة أرضية
Epizentrum (n)	markaz el zelzāl (m)	مركز الزلزال
Ausbruch (m)	sawarān (m)	ثوّران
Lava (f)	ḥomam borkāniya (pl)	حمم بركانية
Wirbelsturm (m), Tornado (m)	e'ṣār (m)	إعصار
Taifun (m)	tyfūn (m)	طوفان
Orkan (m)	e'ṣār (m)	إعصار
Sturm (m)	'āṣefa (f)	عاصفة
Tsunami (m)	tsunāmy (m)	تسونامي
Zyklon (m)	e'ṣār (m)	إعصار
Unwetter (n)	ṭa's saye' (m)	طقس سيئ
Brand (m)	ḥarī' (m)	حريق
Katastrophe (f)	karsa (f)	كارثة
Meteorit (m)	nayzek (m)	نيّزك
Lawine (f)	enheyār talgy (m)	إنهيار ثلجي
Schneelawine (f)	enheyār talgy (m)	إنهيار ثلجي
Schneegestöber (n)	'āṣefa talgiya (f)	عاصفة ثلجيّة
Schneesturm (m)	'āṣefa talgiya (f)	عاصفة ثلجيّة

Fauna

135. Säugetiere. Raubtiere

Raubtier (n)	moftares (m)	مفترس
Tiger (m)	nemr (m)	نمر
Löwe (m)	asad (m)	أسد
Wolf (m)	ze'b (m)	ذئب
Fuchs (m)	ta'lab (m)	ثعلب
Jaguar (m)	nemr amrīky (m)	نمر أمريكي
Leopard (m)	fahd (m)	فهد
Gepard (m)	fahd ṣayād (m)	فهد صيّاد
Panther (m)	nemr aswad (m)	نمر أسود
Puma (m)	asad el gebāl (m)	أسد الجبال
Schneeleopard (m)	nemr el tolūg (m)	نمر الثلوج
Luchs (m)	waʃaq (m)	وشق
Kojote (m)	qayūṭ (m)	قيوط
Schakal (m)	ebn 'āwy (m)	ابن آوى
Hyäne (f)	ḍeb' (m)	ضبع

136. Tiere in freier Wildbahn

Tier (n)	ḥayawān (m)	حيوان
Bestie (f)	waḥʃ (m)	وحش
Eichhörnchen (n)	sengāb (m)	سنجاب
Igel (m)	qonfoz (m)	قنفذ
Hase (m)	arnab barry (m)	أرنب برّي
Kaninchen (n)	arnab (m)	أرنب
Dachs (m)	ɣarīr (m)	غرير
Waschbär (m)	rakūn (m)	راكون
Hamster (m)	hamster (m)	هامستر
Murmeltier (n)	marmoṭ (m)	مرموط
Maulwurf (m)	χold (m)	خلد
Maus (f)	fār (m)	فأر
Ratte (f)	gerz (m)	جرذ
Fledermaus (f)	χoffāʃ (m)	خفّاش
Hermelin (n)	qāqem (m)	قاقم
Zobel (m)	sammūr (m)	سمّور
Marder (m)	fara'īāt (m)	فرائيات
Wiesel (n)	ebn 'ers (m)	ابن عرس
Nerz (m)	mink (m)	منك

Biber (m)	qondos (m)	قندس
Fischotter (m)	taʿlab maya (m)	ثعلب الميّة
Pferd (n)	ḥoṣān (m)	حصان
Elch (m)	eyl el mūz (m)	أيّل الموظ
Hirsch (m)	ayl (m)	أيل
Kamel (n)	gamal (m)	جمل
Bison (m)	bison (m)	بيسون
Wisent (m)	byson orobby (m)	بيسون أوروبي
Büffel (m)	gamūs (m)	جاموس
Zebra (n)	ḥomār waḥʃy (m)	حمار وحشي
Antilope (f)	ẓaby (m)	ظبي
Reh (n)	yaḥmūr orobby (m)	يحمورأوروبّي
Damhirsch (m)	eyl asmar orobby (m)	أيّل أسمر أوروبي
Gämse (f)	ʃamwah (f)	شاmواه
Wildschwein (n)	χenzīr barry (m)	خنزير برّي
Wal (m)	ḥūt (m)	حوت
Seehund (m)	foqma (f)	فقمة
Walroß (n)	el kabʿ (m)	الكبع
Seebär (m)	foqmet el farāʾ (f)	فقمة الفراء
Delfin (m)	dolfīn (m)	دولفين
Bär (m)	dobb (m)	دبّ
Eisbär (m)	dobb ʾoṭṭby (m)	دبّ قطبي
Panda (m)	banda (m)	باندا
Affe (m)	ʾerd (m)	قرد
Schimpanse (m)	ʃimbanzy (m)	شيمبانزي
Orang-Utan (m)	orangutan (m)	أورنغوتان
Gorilla (m)	ɣorella (f)	غوريلا
Makak (m)	ʾerd el makāk (m)	قرد المكاك
Gibbon (m)	gibbon (m)	جيبون
Elefant (m)	fīl (m)	فيل
Nashorn (n)	χartīt (m)	خرتيت
Giraffe (f)	zarāfa (f)	زرافة
Flusspferd (n)	faras el nahr (m)	فرس النهر
Känguru (n)	kangarū (m)	كانجّارو
Koala (m)	el koala (m)	الكوالا
Manguste (f)	nems (m)	نمس
Chinchilla (n)	ʃenʃila (f)	شنشيلة
Stinktier (n)	ẓerbān (m)	ظربان
Stachelschwein (n)	nīṣ (m)	نيص

137. Haustiere

Katze (f)	ʾoṭṭa (f)	قطّة
Kater (m)	ʾoṭṭ (m)	قطّ
Hund (m)	kalb (m)	كلب

Pferd (n)	ḥoṣān (m)	حصان
Hengst (m)	χeyl faḥl (m)	خيل فحل
Stute (f)	faras (f)	فرس
Kuh (f)	ba'ara (f)	بقرة
Stier (m)	sore (m)	ثور
Ochse (m)	sore (m)	ثور
Schaf (n)	χarūf (f)	خروف
Widder (m)	kebʃ (m)	كبش
Ziege (f)	me'za (f)	معزة
Ziegenbock (m)	mā'ez zakar (m)	ماعز ذكر
Esel (m)	ḥomār (m)	حمار
Maultier (n)	baɣl (m)	بغل
Schwein (n)	χenzīr (m)	خنزير
Ferkel (n)	χannūṣ (m)	خنّوص
Kaninchen (n)	arnab (m)	أرنب
Huhn (n)	farχa (f)	فرخة
Hahn (m)	dīk (m)	ديك
Ente (f)	baṭṭa (f)	بطّة
Enterich (m)	dakar el baṭṭ (m)	ذكر البط
Gans (f)	wezza (f)	وزّة
Puter (m)	dīk rūmy (m)	ديك رومي
Pute (f)	dīk rūmy (m)	ديك رومي
Haustiere (pl)	ḥayawānāt dawāgen (pl)	حيوانات دواجن
zahm	alīf	أليف
zähmen (vt)	rawweḍ	روّض
züchten (vt)	rabba	ربّى
Farm (f)	mazra'a (f)	مزرعة
Geflügel (n)	dawāgen (pl)	دواجن
Vieh (n)	māʃeya (f)	ماشية
Herde (f)	qaṭee' (m)	قطيع
Pferdestall (m)	esṭabl χeyl (m)	إسطبل خيل
Schweinestall (m)	ḥazīret χanazīr (f)	حظيرة الخنازير
Kuhstall (m)	zerībet el ba'ar (f)	زريبة البقر
Kaninchenstall (m)	qan el arāneb (m)	قن الأرانب
Hühnerstall (m)	qan el ferāχ (m)	قن الفراخ

138. Vögel

Vogel (m)	ṭā'er (m)	طائر
Taube (f)	ḥamāma (f)	حمامة
Spatz (m)	'aṣfūr dawri (m)	عصفور دوري
Meise (f)	qarqaf (m)	قرقف
Elster (f)	'a''a' (m)	عقعق
Rabe (m)	ɣorāb aswad (m)	غراب أسود

Krähe (f)	ɣorāb (m)	غراب
Dohle (f)	zāɣ zarʿy (m)	زاغ زرعي
Saatkrähe (f)	ɣorāb el qeyẓ (m)	غراب القيظ
Ente (f)	baṭṭa (f)	بطّة
Gans (f)	wezza (f)	وزّة
Fasan (m)	tadarrog (m)	تدرج
Adler (m)	ʿeqāb (m)	عقاب
Habicht (m)	el bāz (m)	الباز
Falke (m)	ṣaʾr (m)	صقر
Greif (m)	nesr (m)	نسر
Kondor (m)	kondor (m)	كندور
Schwan (m)	el temm (m)	التّم
Kranich (m)	karkiya (m)	كركية
Storch (m)	loqloq (m)	لقلق
Papagei (m)	babaɣāʾ (m)	ببغاء
Kolibri (m)	ṭannān (m)	طنّان
Pfau (m)	ṭawūs (m)	طاووس
Strauß (m)	naʿāma (f)	نعامة
Reiher (m)	belʃone (m)	بلشون
Flamingo (m)	flamingo (m)	فلامينجو
Pelikan (m)	bagʿa (f)	بجعة
Nachtigall (f)	ʿandalīb (m)	عندليب
Schwalbe (f)	el sonūnū (m)	السنونو
Drossel (f)	somnet el ḥoqūl (m)	سمنة الحقول
Singdrossel (f)	somna moɣarreda (m)	سمنة مغرّدة
Amsel (f)	ʃaḥrūr aswad (m)	شحرور أسود
Segler (m)	semmāma (m)	سمّامة
Lerche (f)	qabra (f)	قبرة
Wachtel (f)	semmān (m)	سمّان
Specht (m)	naʾār el χaʃab (m)	نقار الخشب
Kuckuck (m)	weqwāq (m)	وقواق
Eule (f)	būma (f)	بومة
Uhu (m)	būm orāsy (m)	بوم أوراسي
Auerhahn (m)	dīk el χalang (m)	ديك الخلنج
Birkhahn (m)	ṭyhūg aswad (m)	طيهوج أسود
Rebhuhn (n)	el ḥagal (m)	الحجل
Star (m)	zerzūr (m)	زرزور
Kanarienvogel (m)	kanāry (m)	كناري
Haselhuhn (n)	ṭyhūg el bondoʾ (m)	طيهوج البندق
Buchfink (m)	ʃarʃūr (m)	شرشور
Gimpel (m)	deɣnāʃ (m)	دغناش
Möwe (f)	nawras (m)	نورس
Albatros (m)	el qoṭros (m)	القطرس
Pinguin (m)	beṭrīq (m)	بطريق

139. Fische. Meerestiere

Brachse (f)	abramīs (m)	أبراميس
Karpfen (m)	ʃabbūṭ (m)	شبّوط
Barsch (m)	farχ (m)	فرخ
Wels (m)	'armūṭ (m)	قرموط
Hecht (m)	karāky (m)	كراكي
Lachs (m)	salamon (m)	سلمون
Stör (m)	ḥafʃ (m)	حفش
Hering (m)	renga (f)	رنجة
atlantische Lachs (m)	salamon aṭlasy (m)	سلمون أطلسي
Makrele (f)	makerel (m)	ماكريل
Scholle (f)	samak mefalṭah (f)	سمك مفلطح
Zander (m)	samak sandar (m)	سمك سندر
Dorsch (m)	el qadd (m)	القد
Tunfisch (m)	tuna (f)	تونة
Forelle (f)	salamon mera''aṭ (m)	سلمون مرقّط
Aal (m)	ḥankalīs (m)	حنكليس
Zitterrochen (m)	ra'ād (m)	رعاد
Muräne (f)	moraya (f)	مورايية
Piranha (m)	bīrana (f)	بيرانا
Hai (m)	'erʃ (m)	قرش
Delfin (m)	dolfīn (m)	دولفين
Wal (m)	ḥūt (m)	حوت
Krabbe (f)	kaboria (m)	كابوريا
Meduse (f)	'andīl el baḥr (m)	قنديل البحر
Krake (m)	aχṭabūṭ (m)	أخطبوط
Seestern (m)	negmet el baḥr (f)	نجمة البحر
Seeigel (m)	qonfoz el baḥr (m)	قنفذ البحر
Seepferdchen (n)	ḥoṣān el baḥr (m)	حصان البحر
Auster (f)	maḥār (m)	محار
Garnele (f)	gammbary (m)	جمّبري
Hummer (m)	estakoza (f)	استكوزا
Languste (f)	estakoza (m)	استاكوزا

140. Amphibien Reptilien

Schlange (f)	te'bān (m)	ثعبان
Gift-, giftig	sām	سام
Viper (f)	af'a (f)	أفعى
Kobra (f)	kobra (m)	كوبرا
Python (m)	te'bān byton (m)	ثعبان بايثون
Boa (f)	bawā' el 'aṣera (f)	بواء العاصرة
Ringelnatter (f)	te'bān el 'oʃb (m)	ثعبان العشب

Klapperschlange (f)	af'a megalgela (f)	أفعى مجلجلة
Anakonda (f)	anakonda (f)	أناكوندا
Eidechse (f)	seḥliya (f)	سحليّة
Leguan (m)	eɣwana (f)	إغوانة
Waran (m)	warl (m)	ورل
Salamander (m)	salamander (m)	سلمندر
Chamäleon (n)	ḥerbāya (f)	حرباية
Skorpion (m)	'a'rab (m)	عقرب
Schildkröte (f)	solḥefah (f)	سلحفاة
Frosch (m)	ḍeffḍa' (m)	ضفدع
Kröte (f)	ḍeffḍa' el ṭeyn (m)	ضفدع الطين
Krokodil (n)	temsāḥ (m)	تمساح

141. Insekten

Insekt (n)	ḥaʃara (f)	حشرة
Schmetterling (m)	farāʃa (f)	فراشة
Ameise (f)	namla (f)	نملة
Fliege (f)	debbāna (f)	دبّانة
Mücke (f)	namūsa (f)	ناموسة
Käfer (m)	χonfesa (f)	خنفسة
Wespe (f)	dabbūr (m)	دبّور
Biene (f)	naḥla (f)	نحلة
Hummel (f)	naḥla ṭannāna (f)	نحلة طنّانة
Bremse (f)	na'ra (f)	نعرة
Spinne (f)	'ankabūt (m)	عنكبوت
Spinnennetz (n)	nasīg 'ankabūt (m)	نسيج عنكبوت
Libelle (f)	ya'sūb (m)	يعسوب
Grashüpfer (m)	garād (m)	جراد
Schmetterling (m)	'etta (f)	عثّة
Schabe (f)	ṣarṣūr (m)	صرصور
Zecke (f)	qarāda (f)	قرادة
Floh (m)	barɣūt (m)	برغوث
Kriebelmücke (f)	ba'ūḍa (f)	بعوضة
Heuschrecke (f)	garād (m)	جراد
Schnecke (f)	ḥalazōn (m)	حلزون
Heimchen (n)	ṣarṣūr el ḥaql (m)	صرصور الحقل
Leuchtkäfer (m)	yarā'a (f)	يراعة
Marienkäfer (m)	χonfesa mena'ṭṭa (f)	خنفسة منقّطة
Maikäfer (m)	χonfesa motlefa lel nabāt (f)	خنفسة متّلفة للنبات
Blutegel (m)	'alaqa (f)	علقة
Raupe (f)	yasrū' (m)	يسروع
Wurm (m)	dūda (f)	دودة
Larve (f)	yaraqa (f)	يرقة

Flora

142. Bäume

Baum (m)	ʃagara (f)	شجرة
Laub-	nafḍiya	نفضيّة
Nadel-	ṣonoberiya	صنوبرية
immergrün	dā'emet el χoḍra	دائمة الخضرة
Apfelbaum (m)	ʃagaret toffāḥ (f)	شجرة تفّاح
Birnbaum (m)	ʃagaret komettra (f)	شجرة كمثّرى
Kirschbaum (m)	ʃagaret karaz (f)	شجرة كرز
Pflaumenbaum (m)	ʃagaret bar'ū' (f)	شجرة برقوق
Birke (f)	batola (f)	بتولا
Eiche (f)	ballūṭ (f)	بلّوط
Linde (f)	zayzafūn (f)	زيزفون
Espe (f)	ḥūr rāgef	حور راجف
Ahorn (m)	qayqab (f)	قيقب
Fichte (f)	rateng (f)	راتينج
Kiefer (f)	ṣonober (f)	صنوبر
Lärche (f)	arziya (f)	أرزية
Tanne (f)	tanūb (f)	تنوب
Zeder (f)	el orz (f)	الأرز
Pappel (f)	ḥūr (f)	حور
Vogelbeerbaum (m)	ɣobayrā' (f)	غبيراء
Weide (f)	ṣefsāf (f)	صفصاف
Erle (f)	gār el mā' (m)	جار الماء
Buche (f)	el zān (f)	الزان
Ulme (f)	derdar (f)	دردار
Esche (f)	marān (f)	مران
Kastanie (f)	kastanā' (f)	كستناء
Magnolie (f)	maɣnolia (f)	ماغنوليا
Palme (f)	naχla (f)	نخلة
Zypresse (f)	el soro (f)	السرو
Mangrovenbaum (m)	mangrūf (f)	مانجروف
Baobab (m)	baobab (f)	باوباب
Eukalyptus (m)	eukalyptus (f)	أوكالبتوس
Mammutbaum (m)	sequoia (f)	سيكويا

143. Büsche

Strauch (m)	ʃogeyra (f)	شجيرة
Gebüsch (n)	ʃogayrāt (pl)	شجيرات

Weinstock (m)	karma (f)	كرمة
Weinberg (m)	karam (m)	كرم
Himbeerstrauch (m)	zar'et tūt el 'alī' el aḥmar (f)	زرعة توت العليق الأحمر
rote Johannisbeere (f)	keʃmeʃ aḥmar (m)	كشمش أحمر
Stachelbeerstrauch (m)	'enab el sa'lab (m)	عنب الثعلب
Akazie (f)	aqaqia (f)	أقاقيا
Berberitze (f)	berbarīs (m)	برباريس
Jasmin (m)	yasmīn (m)	ياسمين
Wacholder (m)	'ar'ar (m)	عرعر
Rosenstrauch (m)	ʃogeyret ward (f)	شجيرة ورد
Heckenrose (f)	ward el seyāg (pl)	ورد السياج

144. Obst. Beeren

Frucht (f)	tamra (f)	تمرة
Früchte (pl)	tamr (m)	تمر
Apfel (m)	toffāḥa (f)	تفّاحة
Birne (f)	komettra (f)	كمّثرى
Pflaume (f)	bar'ū' (m)	برقوق
Erdbeere (f)	farawla (f)	فراولة
Kirsche (f)	karaz (m)	كرز
Weintrauben (pl)	'enab (m)	عنب
Himbeere (f)	tūt el 'alī' el aḥmar (m)	توت العليق الأحمر
schwarze Johannisbeere (f)	keʃmeʃ aswad (m)	كشمش أسود
rote Johannisbeere (f)	keʃmeʃ aḥmar (m)	كشمش أحمر
Stachelbeere (f)	'enab el sa'lab (m)	عنب الثعلب
Moosbeere (f)	'enabiya ḥāda el χebā' (m)	عنبية حادة الخباء
Apfelsine (f)	bortoqāl (m)	برتقال
Mandarine (f)	yosfy (m)	يوسفي
Ananas (f)	ananās (m)	أناناس
Banane (f)	moze (m)	موز
Dattel (f)	tamr (m)	تمر
Zitrone (f)	lymūn (m)	ليمون
Aprikose (f)	meʃmeʃ (f)	مشمش
Pfirsich (m)	χawχa (f)	خوخة
Kiwi (f)	kiwi (m)	كيوي
Grapefruit (f)	grabe frūt (m)	جريب فروت
Beere (f)	tūt (m)	توت
Beeren (pl)	tūt (pl)	توت
Preiselbeere (f)	'enab el sore (m)	عنب الثور
Walderdbeere (f)	farawla barriya (f)	فراولة بريّة
Heidelbeere (f)	'enab al aḥrāg (m)	عنب الأحراج

145. Blumen. Pflanzen

Blume (f)	zahra (f)	زهرة
Blumenstrauß (m)	bokeyh (f)	بوكيه
Rose (f)	warda (f)	وردة
Tulpe (f)	tolīb (f)	توليب
Nelke (f)	'oronfol (m)	قرنفل
Gladiole (f)	el dalbūs (f)	الدَلبُوث
Kornblume (f)	qanṭeryūn 'anbary (m)	قنطريون عنبري
Glockenblume (f)	garīs mostadīr el awrā' (m)	جريس مستدير الأوراق
Löwenzahn (m)	handabā' (f)	هندباء
Kamille (f)	kamomile (f)	كاموميل
Aloe (f)	el alowa (m)	الألوّة
Kaktus (m)	ṣabbār (m)	صبّار
Gummibaum (m)	faykas (m)	فيكس
Lilie (f)	zanbaq (f)	زنبق
Geranie (f)	ɣarnūqy (f)	غرنوقي
Hyazinthe (f)	el lavender (f)	اللافندر
Mimose (f)	mimoza (f)	ميموزا
Narzisse (f)	nerges (f)	نرجس
Kapuzinerkresse (f)	abo χangar (f)	أبو خنجر
Orchidee (f)	orkid (f)	أوركيد
Pfingstrose (f)	fawnia (f)	فاوانيا
Veilchen (n)	el banafseg (f)	البنفسج
Stiefmütterchen (n)	bansy (f)	بانسي
Vergissmeinnicht (n)	'āzān el fa'r (pl)	آذان الفأر
Gänseblümchen (n)	aqwaḥān (f)	أقحوان
Mohn (m)	el χoʃχāʃ (f)	الخشخاش
Hanf (m)	qanb (m)	قنب
Minze (f)	ne'nā' (m)	نعناع
Maiglöckchen (n)	zanbaq el wādy (f)	زنبق الوادي
Schneeglöckchen (n)	zahrat el laban (f)	زهرة اللبن
Brennnessel (f)	'arrāṣ (m)	قرّاص
Sauerampfer (m)	ḥammāḍ bostāny (m)	حمّاض بستاني
Seerose (f)	niloferiya (f)	نيلوفرية
Farn (m)	sarχas (m)	سرخس
Flechte (f)	aʃna (f)	أشنة
Gewächshaus (n)	ṣoba (f)	صوبة
Rasen (m)	'oʃb aχḍar (m)	عشب أخضر
Blumenbeet (n)	geneynet zohūr (f)	جنينة زهور
Pflanze (f)	nabāt (m)	نبات
Gras (n)	'oʃb (m)	عشب
Grashalm (m)	'oʃba (f)	عشبة

Blatt (n)	wara'a (f)	ورقة
Blütenblatt (n)	wara'et el zahra (f)	ورقة الزهرة
Stiel (m)	sāq (f)	ساق
Knolle (f)	darna (f)	درنة
Jungpflanze (f)	nabta saɣīra (f)	نبتة صغيرة
Dorn (m)	ʃawka (f)	شوكة
blühen (vi)	fattaḥet	فتّحت
welken (vi)	debel	ذبل
Geruch (m)	rīḥa (f)	ريحة
abschneiden (vt)	'aṭa'	قطع
pflücken (vt)	'aṭaf	قطف

146. Getreide, Körner

Getreide (n)	ḥobūb (pl)	حبوب
Getreidepflanzen (pl)	maḥaṣīl el ḥubūb (pl)	محاصيل الحبوب
Ähre (f)	sonbola (f)	سنبلة
Weizen (m)	'amḥ (m)	قمح
Roggen (m)	ʃelm mazrū' (m)	شيلم مزروع
Hafer (m)	ʃofān (m)	شوفان
Hirse (f)	el deχn (m)	الدُخن
Gerste (f)	ʃe'īr (m)	شعير
Mais (m)	dora (f)	ذرة
Reis (m)	rozz (m)	رزّ
Buchweizen (m)	ḥanṭa soda' (f)	حنطة سوداء
Erbse (f)	besella (f)	بسلّة
weiße Bohne (f)	faṣolya (f)	فاصوليا
Sojabohne (f)	fūl el ṣoya (m)	فول الصويا
Linse (f)	'ads (m)	عدس
Bohnen (pl)	fūl (m)	فول

LÄNDER. NATIONALITÄTEN

147. Westeuropa

Europa (n)	orobba (f)	أوروبّا
Europäische Union (f)	el etteḥād el orobby (m)	الإتّحاد الأوروبّي
Österreich	el nemsa (f)	النمسا
Großbritannien	briṭaniya el ʿozma (f)	بريطانيا العظمى
England	engeltera (f)	إنجلترا
Belgien	balʒīka (f)	بلجيكا
Deutschland	almānya (f)	ألمانيا
Niederlande (f)	holanda (f)	هولندا
Holland (n)	holanda (f)	هولندا
Griechenland	el yunān (f)	اليونان
Dänemark	el denmark (f)	الدنمارك
Irland	irelanda (f)	أيرلندا
Island	ʾāyslanda (f)	آيسلندا
Spanien	asbānya (f)	إسبانيا
Italien	eṭālia (f)	إيطاليا
Zypern	ʾobroṣ (f)	قبرص
Malta	malṭa (f)	مالطا
Norwegen	el nerwīg (f)	النرويج
Portugal	el bortoɣāl (f)	البرتغال
Finnland	finlanda (f)	فنلندا
Frankreich	faransa (f)	فرنسا
Schweden	el sweyd (f)	السويد
Schweiz (f)	swesra (f)	سويسرا
Schottland	oskotlanda (f)	اسكتلندا
Vatikan (m)	el vatikān (m)	الفاتيكان
Liechtenstein	liʃtenʃtayn (m)	ليشتنشتاين
Luxemburg	luksemburg (f)	لوكسمبورج
Monaco	monako (f)	موناكو

148. Mittel- und Osteuropa

Albanien	albānia (f)	ألبانيا
Bulgarien	bolɣāria (f)	بلغاريا
Ungarn	el magar (f)	المجر
Lettland	latvia (f)	لاتفيا
Litauen	litwānia (f)	ليتوانيا
Polen	bolanda (f)	بولندا

Rumänien	romānia (f)	رومانيا
Serbien	ṣerbia (f)	صربيا
Slowakei (f)	slovākia (f)	سلوفاكيا
Kroatien	kroātya (f)	كرواتيا
Tschechien	gomhoriya el tʃīk (f)	جمهورية التشيك
Estland	estūnia (f)	إستونيا
Bosnien und Herzegowina	el bosna wel harsek (f)	البوسنة والهرسك
Makedonien	maqdūnia (f)	مقدونيا
Slowenien	slovenia (f)	سلوفينيا
Montenegro	el gabal el aswad (m)	الجبل الأسوّد

149. Frühere UdSSR Republiken

Aserbaidschan	azrabiʒān (m)	أذربيجان
Armenien	armīnia (f)	أرمينيا
Weißrussland	belarūsia (f)	بيلاروسيا
Georgien	ʒorʒia (f)	جورجيا
Kasachstan	kazaχistān (f)	كازاخستّان
Kirgisien	qirɣizestān (f)	قيرغيزستان
Moldawien	moldāvia (f)	مولدافيا
Russland	rūsya (f)	روسيا
Ukraine (f)	okrānia (f)	أوكرانيا
Tadschikistan	ṭaʒīkistan (f)	طاجيكستان
Turkmenistan	turkmānistān (f)	تركمانستان
Usbekistan	uzbakistān (f)	أوزبكستان

150. Asien

Asien	asya (f)	آسيا
Vietnam	vietnām (f)	فيتنام
Indien	el hend (f)	الهند
Israel	isra'īl (f)	إسرائيل
China	el ṣīn (f)	الصين
Libanon (m)	lebnān (f)	لبنان
Mongolei (f)	manɣūlia (f)	منغوليا
Malaysia	malīzya (f)	ماليزيا
Pakistan	bakistān (f)	باكستان
Saudi-Arabien	el so'odiya (f)	السعوديّة
Thailand	tayland (f)	تايلاند
Taiwan	taywān (f)	تايوان
Türkei (f)	turkia (f)	تركيا
Japan	el yabān (f)	اليابان
Afghanistan	afɣanistan (f)	أفغانستان
Bangladesch	bangladeʃ (f)	بنجلاديش

Indonesien	indonisya (f)	إندونيسيا
Jordanien	el ordon (m)	الأردن
Irak	el ʿerāq (m)	العراق
Iran	iran (f)	إيران
Kambodscha	kambodya (f)	كمبوديا
Kuwait	el kuweyt (f)	الكويت
Laos	laos (f)	لاوس
Myanmar	myanmar (f)	ميانمار
Nepal	nebāl (f)	نيبال
Vereinigten Arabischen Emirate	el emārāt el ʿarabiya el mottaḥeda (pl)	الإمارات العربية المتّحدة
Syrien	soria (f)	سوريا
Palästina	felesṭīn (f)	فلسطين
Südkorea	korea el ganūbiya (f)	كوريا الجنوبيّة
Nordkorea	korea el ʃamāliya (f)	كوريا الشماليّة

151. Nordamerika

Die Vereinigten Staaten	el welayāt el mottaḥda el amrīkiya (pl)	الولايات المتّحدة الأمريكيّة
Kanada	kanada (f)	كندا
Mexiko	el maksīk (f)	المكسيك

152. Mittel- und Südamerika

Argentinien	arʒantīn (f)	الأرجنتين
Brasilien	el barazīl (f)	البرازيل
Kolumbien	kolombia (f)	كولومبيا
Kuba	kūba (f)	كوبا
Chile	tʃīly (f)	تشيلي
Bolivien	bolivia (f)	بوليفيا
Venezuela	venzweyla (f)	فنزويلا
Paraguay	baraguay (f)	باراجواي
Peru	beru (f)	بيرو
Suriname	surinam (f)	سورينام
Uruguay	uruguay (f)	أوروجواي
Ecuador	el equador (f)	الإكوادور
Die Bahamas	gozor el bahāmas (pl)	جزر البهاماس
Haiti	haīti (f)	هايتي
Dominikanische Republik	gomhoriya el dominikan (f)	جمهوريّة الدومينيكان
Panama	banama (f)	بنما
Jamaika	ʒamayka (f)	جامايكا

153. Afrika

Ägypten	maṣr (f)	مصر
Marokko	el maɣreb (m)	المغرب
Tunesien	tunis (f)	تونس
Ghana	ɣana (f)	غانا
Sansibar	zanʒibār (f)	زنجبار
Kenia	kenya (f)	كينيا
Libyen	libya (f)	ليبيا
Madagaskar	madaɣaʃkar (f)	مدغشقر
Namibia	namibia (f)	ناميبيا
Senegal	el senɣāl (f)	السنغال
Tansania	tanznia (f)	تنزانيا
Republik Südafrika	afreqia el ganūbiya (f)	أفريقيا الجنوبيّة

154. Australien. Ozeanien

Australien	ostorālya (f)	أستراليا
Neuseeland	nyu zelanda (f)	نيوزيلندا
Tasmanien	tasmania (f)	تاسمانيا
Französisch-Polynesien	bolenezia el faransiya (f)	بولينزيا الفرنسيّة

155. Städte

Amsterdam	amesterdam (f)	امستردام
Ankara	ankara (f)	أنقرة
Athen	atīna (f)	أثينا
Bagdad	baɣdād (f)	بغداد
Bangkok	bangkok (f)	بانكوك
Barcelona	barʃelona (f)	برشلونة
Beirut	beyrut (f)	بيروت
Berlin	berlin (f)	برلين
Bombay	bombay (f)	بومباى
Bonn	bonn (f)	بون
Bordeaux	bordu (f)	بوردو
Bratislava	bratislava (f)	براتيسلافا
Brüssel	broksel (f)	بروكسل
Budapest	budabest (f)	بودابست
Bukarest	buχarest (f)	بوخارست
Chicago	ʃikāgo (f)	شيكاجو
Daressalam	dar el salām (f)	دار السلام
Delhi	delhi (f)	دلهي
Den Haag	lahāy (f)	لاهاى
Dubai	dubaī (f)	دبي
Dublin	dablin (f)	دبلن

Düsseldorf	dusseldorf (f)	دوسلدورف
Florenz	florensa (f)	فلورنسا
Frankfurt	frankfurt (f)	فرانكفورت
Genf	ʒenive (f)	جنيف
Hamburg	hamburg (m)	هامبورج
Hanoi	hanoy (f)	هانوى
Havanna	havana (f)	هافانا
Helsinki	helsinki (f)	هلسنكي
Hiroshima	hiroʃima (f)	هيروشيما
Hongkong	hong kong (f)	هونج كونج
Istanbul	isṭanbul (f)	إسطنبول
Jerusalem	el qods (f)	القدس
Kairo	el qahera (f)	القاهرة
Kalkutta	kalkutta (f)	كلكتا
Kiew	kyiv (f)	كييف
Kopenhagen	kobenhāgen (f)	كوبنهاجن
Kuala Lumpur	kuala lumpur (f)	كوالالمبور
Lissabon	laʃbūna (f)	لشبونة
London	london (f)	لندن
Los Angeles	los anʒeles (f)	لوس أنجلوس
Lyon	lyon (f)	ليون
Madrid	madrīd (f)	مدريد
Marseille	marsilia (f)	مرسيليا
Mexiko-Stadt	madīnet meksiko (f)	مدينة مكسيكو
Miami	mayami (f)	ميامي
Montreal	montreal (f)	مونتريال
Moskau	moskū (f)	موسكو
München	muniχ (f)	ميونخ
Nairobi	nayrobi (f)	نيروبي
Neapel	naboli (f)	نابولي
New York	nyu york (f)	نيويورك
Nizza	nīs (f)	نيس
Oslo	oslo (f)	أوسلو
Ottawa	ottawa (f)	أوتاوا
Paris	baris (f)	باريس
Peking	bekīn (f)	بيكين
Prag	braɣ (f)	براغ
Rio de Janeiro	rio de ʒaneyro (f)	ريو دي جانيرو
Rom	roma (f)	روما
Sankt Petersburg	sant betersburɣ (f)	سانت بطرسبرغ
Schanghai	ʃanghay (f)	شنجهاي
Seoul	seūl (f)	سيول
Singapur	sinɣafūra (f)	سنغافورة
Stockholm	stokχolm (f)	ستوكهولم
Sydney	sydney (f)	سيدني
Taipeh	taybey (f)	تايبيه
Tokio	ṭokyo (f)	طوكيو
Toronto	toronto (f)	تورونتو

Venedig	venesya (f)	فينيسيا
Warschau	warsaw (f)	وارسو
Washington	waʃinṭon (f)	واشنطن
Wien	vienna (f)	فيينا

www.ingramcontent.com/pod-product-compliance
Lightning Source LLC
Chambersburg PA
CBHW070603050426
42450CB00011B/2971
* 9 7 8 1 7 8 7 1 6 7 6 2 9 *